円安幻想

ドルにふりまわされないために

Noriko Hama
浜　矩子

PHP
Business Shinsho

PHPビジネス新書

円安幻想

目次

第1章 私たちをふりまわすのはドルじゃない!?

1 円の価値はYENが決める

2 円の値段はホントはいくら?

3 「借り物通貨」を選んだ日本人のユニークな実利主義

4 大江戸「インフレ顚末記」

第3章 信用できる通貨に向かって

1 黒船に押しつけられた最大の不平等

2 紙幣はなぜ信用できるのか

第4章 「円高アレルギー」の原点

終章 通貨は武器ではない――あとがきに代えて

第1章

私たちをふりまわすのはドルじゃない⁉

1 円の価値はＹＥＮが決める

円とＹＥＮの謎の関係

「ＹＥＮ」と書けば「円」のローマ字表記だ。まず、われわれはそう思う。いまや「ＴＨＥ ＹＥＮ」は世界の注目通貨。日々のＹＥＮ相場がどのように推移しているか、地球の津々浦々の投資家やトレーダーたちが強い関心をもって眺めている。

安倍政権は円安志向が強そうだ。ＹＥＮウォッチャーたちがそう見れば、円安傾向が強まる。もうそろそろ、安倍式円安大作戦も限界だろう。彼らがそう判断すれば、円安の流れは反転する。いずれにせよ、ＹＥＮをめぐる思惑と駆け引きは、今日のグローバル金融市場を衝《つ》き動かす大きな要因となっている。

だが、じつをいえば、ＹＥＮは「円」だけではない。ＹＥＮは日本円だけを意味する言葉ではないのである。もう一つのＹＥＮがある。このＹＥＮは英語である。ご存じの方も多いと思う。

そう、ＹＥＮという英単語には、「あこがれ」とか、「切望・熱望・渇望」といった意味がある。“I yen for～”といえば、「私は～を切望する」とか、「私は～が欲しくて仕方がない」というような文意になる。

なぜ、このような英単語があるのか。その語源は謎だが、「渇する」を意味する中国語の発音がＹＥＮに近いことから生まれたという解釈がある。

また、英語にはもう一つ「ＹＥＡＲＮ」という単語がある。これもほとんど同義で、やはり「恋い焦がれる」とか「切望する」といったニュアンスである。ＹＥＮとＹＥＡＲＮはどういった関係にあるのだろう。日本円と渇望を意味するＹＥＮとのあいだに、何がしかの関係があるのだろうか。これはなかなかにおもしろいテーマである。

そもそも、円はなぜ「円」なのか。これがまた謎である。第3章で言及するテーマだが、結局のところ、円という名称の由来は定かではない。諸説あるが、そのいずれかが決定的な市民権を得ているわけではない。その意味で、日本語の円も英語のＹＥＮも謎の言葉のままだ。

洋の東西を越えて、二つの謎の言葉が出会った。不思議な一致である。円とＹＥＮの

いが及ぶ。「ご縁」やいかに。ここまでくるとダジャレがすぎる。だが、両者の縁《えにし》には、やっぱり思

世界にYENした明治の日本

思えば、円という通貨には、たしかに歴史上の折々において、人々の熱き願望が託されてきたといえるだろう。

円という通貨名がはじめて登場したのが、一八七一年のことである。くわしくは第3章に譲るが、この年に、明治政府が十進法の「円・銭・厘《りん》」を基礎単位とする通貨体制を打ち出した。円紙幣も、政府紙幣の位置づけで発行された。名目上は金貨本位制の通貨体制だった。だが、当時の日本が金欠状態であったため、このときの円紙幣は結局のところ、金貨との交換性をもたない不換《ふかん》紙幣とせざるをえなかった。

大判・小判や一分銀の世界と決別し、せっかく欧米列強スタイルの紙幣までつくったのに、その紙幣に金の裏打ちがない。これが、当時の明治政府にとって悔しさはいかばかりのものだったか、想像に難《かた》くない。画竜点睛《がりょうてんせい》を欠く感があっただろう。

だが少なくとも、旧体制を脱して、まがりなりにも近代国家らしい通貨体制を新設できたことについては、誇らしさ、晴れがましさを感じていたのではないか。円の登場によって、世界の仲間入りをめざす明治日本の願望が、一歩は実現に近づいた。その思いは強かったにちがいない。

あのときの日本は、世界に向かって思いを焦がし、一刻も早く列強の一角を占めんことを渇望していた。まさしく"yen for the world"していたわけである。その大いなるＹＥＮの感情が、円という通貨に託された。そのように考えることは、あながちダジャレともいえないだろう。

その意味で当時の円は、世界への日本のあこがれを託された夢の通貨だったのである。近代化への憧憬《しょうけい》を燃やす夢追い人たち。そんな彼らのあこがれ通貨だ。

次にYENしたのは帝国建設……

明治初期にデビューを果たした「あこがれ通貨・円」は、十九世紀末にいたって、ようやく本格的な金本位通貨となった。それが一八九七年のことである。なんとか二十世紀入りに間に合ったといったところだ。この間の経緯についても、くわしくは第3章をご覧いただきたい。

その時点での日本は、何をYENしていたといえるのか。何に向かって熱望を燃やしていたのだろう。

こう書いたところで、注意を要することにふと気がつく。こういった場合に「日本が」何かをめざしていたとか、ねらっていたという言い方は、厳密にいえばおかしい。別段、「日本」なるものに人格があるわけではない。

ところが、この種の言葉の使い方で国家というものに人格を与えてしまうと、国民を無視した国家主義に道を開くことになってしまいかねない。時の権力者や政治責任者たちの思惑と、彼らがそのサービスを提供すべき顧客である国民の思いとは、必ずしも一致するとはかぎらない。「日本が云々」という言い方をすると、ややもすれば、両者の齟齬《そご》から目を逸《そ》らすことになってしまいがちである。このあたりが厄介《やっかい》なところだ。注意深く話を進めなければいけない。

以下、筆者が「日本が」という類《たぐい》の言い方をするときには、この一定のもどかしさと忸《じく》怩《じ》たる思いを抱きつつ、やむなく便利使い的にこの話法を用いているとご理解いただければ幸いである。脚注のようなつぶやきにおつきあいいただいてしまった。恐縮しつつ、前に進みたい。

「あこがれ通貨・円」の国が次に"yen for"したのは何だったか。

残念ながら、その願望はしだいに領土欲の方向へと吸い寄せられていったと言わざるをえないだろう。たんに世界の仲間入りをするだけではいけない。そのなかで不動の地位を確保しなければダメ。まさしく「渇望」が募《つの》るなかで、帝国日本の構築へと時代の流れが人々を押し流していった。

むかしもいまもYENは円をふりまわす

帝国建設への抑えがたい渇望によって、日本は二度にわたる戦争の渦中に転落した。このおぞましくも悲しいYENのおかげで、「あこがれ通貨・円」がどのようにふりまわされたのか。それをわれわれは第4章で見ることになる。通貨価値というものが、いかに脆《もろ》くて傷つきやすいか。いかに容易に操作されてしまうか。二つの戦争とその両戦間期の経緯をたどることで、われわれはそのことを思い知らされる。

同時に、通貨価値を人為的に操作したり、それを守るための誠意と注意がないがしろにされたりすると、いかに大きなしっぺ返しを喰《く》らうことになるのかも、この間の展開を追うことでよくわかる。暗いＹＥＮに駆り立てられて円をふりまわすと、碌《ろく》なことがない。そのことは、歴史があまりにも端的に教えてくれている。

それを思えば、今日の日本の通貨政策のあり方はじつに気がかりだ。

「円安はデフレ脱却をめざす国内政策の副産物だ。自国通貨安を意図して追求しているわけではない」

これが安倍政権の公式ポジションだ。だが実際には、彼らの政策方針には「円高からの脱却」もまた明示されている。それでも円安を追求していないとは、どうにも辻褄《つじつま》が合わない。

そもそも債権大国である現在の日本が、ことさらに自国通貨高を嫌うことが理に適《かな》っていない。通貨関係において、まったく理屈に合わない一時的激変などがあれば、政策が強制措置を施してもおかしくない。攪乱《かくらん》するかのような動きに対抗するのは、むしろ安定と均衡を追求する政策の責任事項のはずだ。

日本のように大きくて豊かな国が、自国通貨のダンピングで成長効果をねらうというのは、いかにも品位に欠ける。経済は品位ではないと言ってしまえばそれまでだが、国々がその位置づけに不相応な身勝手な行動をとると、結局のところ、経済に必ず軋《きし》みが生じる。成熟経済大国には、それにふさわしい身の処し方がある。

いまの日本政府を見ていると、彼らのＹＥＮはどうも富国強兵に向いているように思えてならない。いわゆる「アベノミクス」で富国。そして、憲法改正で強兵である。

富国のためのアベノミクスを通貨と金融の観点から見ると、そこに浮かび上がってくるのは、自国通貨の大量供給による国債の徹底買い支えの構図だ。銀行券を市中に大量に送り込むことで、経済のバブル化を煽《あお》る。それは同時に、日本銀行が市中から継続的に大量の国債を吸収しつづけることを意味している。このやり方を続けていると、やがて日本銀行は通貨の番人としての信認を完全に失ってしまうことになりかねない。

そのとき日本経済を襲うのが、円と国債の大暴落。ＹＥＮのおもむく方向が危ういと、結果は円にとって、とても恐ろしいことになる。

その教訓は、歴史をひもとけば枚挙に遑《いとま》がないほど転がっている。いまこそ、ＹＥＮと円との関係がどう推移してきたのか、しっかりとふりかえっておくべきときなのだと思う。

ドーピング効果をYENしてはいけない

いきなり話が今日の状況に飛んでしまった。これは先走りだ。だが、せっかくこのような展開になったので、この機を利用して、安倍政権の奇妙なYENがもたらす経済効果について、もうひと言だけつけくわえておくことをお許しいただきたい。

問題は、この政権の経済運営がこのまま突っ走っていくと、そのことが日本のドーピング経済化につながってしまうことなのだ。

そもそも「アベノミクス」という言葉に始まって、やれ三本の矢だ、異次元金融緩和だ、国家戦略特区だと、次々と得体の知れない薬物を日本経済に投与する。それらの薬物がもたらす空疎《くうそ》な筋肉増強効果で、日本経済を無理やり高速疾走させようとしている。二〇二〇年の東京招致が決まったオリンピックにさえ、ドーピング効果を発揮させようとして、「アベノリンピック」などという便乗的言葉を使いはじめた人々もいる。困ったものだ。

この話を、筆者が勤務する同志社ビジネススクールの留学生たちに語ってみた。アメリカ人もいれば、中東出身者もインド人もいる。東アジアからもインドからも、北欧からもやってきている。多彩な顔ぶれだ。

そのなかの一人が、筆者のドーピング談義に反応して言った。

「ドーピングのイメージはすごくよくわかる。でも、それって、みんなやってることだから、しょうがないんじゃないですか。競争に負けるわけにはいかないし」

一理ある。だが、この理屈が通ってしまうことが恐ろしい。

「あなたにできることなら何でも」(Anything You Can Do) という歌がある。かの有名なミュージカル『アニーよ銃をとれ』に出てくる大ヒット曲だ。「あなたにできることなら、何でも私のほうがよくできる。あなたが高いところに行くなら、私のほうがもっと高いところに行ってみせてやる……」。恋する男女の見栄の張り合いである。

恋する男女なら、これも楽しいさや当てだ。だが、国々の経済政策がこれでは困る。「そっちが薬物投与でいくなら、こっちはもっとすごいヤツでいくまでさ」。こんな調子でドーピング合戦をしていれば、そのうち、みんなダウンしてしまう。

ドーピングはだれかが止めなければ止まらない。それができる者こそ、ほんとうにだれよりもよくできる腕の持ち主だ。

戦後日本がYENしたものは?

さて、ここであまり今日的な政策批判に突っ込んでしまってはいけない。話を元の流れに戻そう。

帝国日本のYEN敗れて、戦後の円は1ドル＝三六〇円時代を迎えることになる。戦後の国際通貨体制のもとでは、ポンドに代わってドルが通貨の王様となった。パックス・アメリカーナ時代の到来である。

王様通貨のドルを軸にして、世は新たな固定為替相場制度の時代に入った。かつての金に代わって、ドルがほかの国々の通貨の価値基準となった。アメリカ以外の国々は、ドルとの関係で自国通貨の価値を一定の水準に固定する義務を負うこととなったのである。日本円に与えられた固定水準が、1ドル＝三六〇円であった。

前述のとおり、日本が本格的な金本位制を確立したのが一八九七年のこと。その時点で、ドル円関係がどうなっていたかといえば、答えは1ドル＝二円である。円とドル、それぞれの金価値を介して成り立っていた金平価である。きわめて新参者だった「あこがれ通貨・円」が、当時、急速に輝きを増しつつあった新大陸通貨ドルとの関係で、一対二の価値を確保していたわけだ。これはなかなかの頑張りだったと言うべきだろう。

ちなみに、当時のイギリス・ポンドと円の関係は1ポンド＝九・八円だった。何といっても、ポンドといえば当時の老舗《しにせ》超大国通貨である。そのポンドとの関係でも、なんとか一対一〇にはいたらない範囲内に円の価値をもちこんだ。これまた、それなりに快挙だと言っていいだろう。それを可能にするための金の在庫を、当時の日本政府がどれほど苦労して確保したことだろう。

これもくわしくは後述するが、金本位制という通貨体制のもとでは、国々が発行する通貨は、つねに一定の比率で金と交換可能でなければならない。一円の通貨を発行すれば、それを一円相当の金といつでも交換できるように、一円ぶんの金をつねに手元に用意しておく。それが金本位国に課せられた義務だったのである。

前記の1ドル＝二円の関係が成り立っていたとき、一日本円は〇・七五グラムの金と引き換えることができる通貨であった。一〇〇万円ぶんの円を発行したいと思えば、〇・七五グラムの一〇〇万倍の金を保有している必要があった。アメリカ・ドルにくらべれば二分の一、イギリス・ポンドにくらべれば一〇分の一の金保有量ということになるが、それでも当時の日本の状況を思えば、これがそう容易なことであったはずはない。

しかも、当時の彼らは大きなジレンマを抱え込んでいた。一円＝金〇・七五グラムという金との交換比率を下げて、たとえば一円＝金〇・二五グラムとしてしまえば、金をかき集めるにしても、かなりラクになる。見方を変えれば、少ない金保有量でもそれなりにまとまった規模の通貨を発行できる。富国強兵と殖産興業を必死に推進していた明治日本としてみれば、通貨はなるべくたくさん発行したいところだ。

だが、そのためには、円の金価値を下げなければならない。するとポンドやドルに対する円の価値が下がってしまう。それでは交易も厳しいし、列強入りをめざすなかでの体面にもかかわる。こうした悩ましさをお手玉しながら、彼らがたどりついたのが、1ドル＝二円、1ポンド＝一〇円弱という水準だったのである。

これとくらべて、戦後の1ドル＝三六〇円をみなさんはどう評価されるだろうか。ずいぶんと情けないレベルまで通貨価値が落ちてしまった。そう思われるだろうか。あるいはこれなら、さぞやラクできたにちがいない。そのように思われるだろうか。

いずれも正解といえば正解である。敗戦国となり、焼け跡経済と化した日本の購買力が、金本位黎明《れいめい》期にくらべて大きく落ちたのは、当然の成り行きだ。何はともあれアメリカが頼りで、ドルがなければ何も買えない。そのような状態に陥っていたのであるから、ドル円関係が桁違いに激変するのは当たり前である。情けなくはあったろうが、通貨の価値とはそういうものだ。

情けなくはあっても、1ドル＝三六〇円が日本にとって神風効果をもたらしたこともまた間違いない。戦後日本がせつに“yen for”したのは、言うまでもなく、一刻も早い経済復興であり、一人前の国家として、いま一度、世界の国々のなかに然《しか》るべき位置を得ることだった。

このようなＹＥＮを実現するには、1ドル＝三六〇円のレートは大いに都合がよかった。この価格競争力に日本のモノづくり能力が加われば、まさに鬼に金棒だったのである。颯爽《さっそう》と金棒をふりまわしながら、世界市場に乗り込んでいく筋肉質の若武者鬼さん。それが戦後復興期から高度成長期へとひた走る日本の姿であった。

いまYENすべきものは？

筋肉質の若武者鬼さん時代を駆け抜けた日本は、いまや世界に冠たる成熟経済大国になっている。規模は大きい。カネはある。生活環境の整い方はすごい。これ以上、何を渇望すべきものがあるのか。つくづく、そう思う面がある。

ドーピングでニセの若鬼筋肉を盛り上がらせても仕方がない。すでに卒業した過去に向かって、ノスタルジックなＹＥＮへの思いを馳せている場合ではない。懐かしむのはいい。この間にわれわれがたどってきた道のり、カバーできた距離を感慨深く味わうのも結構。

だが、若鬼時代に戻ることに向かって、渇望を、情念を燃え立たせてはいけない。そこに向かって“yen for”してはいけない。それをやると、ドーピングの誘惑に負ける。薬物に手を出すことになってしまう。円の価値を下げることで活路を見出そうとしてしまう。

いまの日本が“yen for”すべきなのは、豊かさのなかの貧困問題の解消である。こんなにも豊かな国のなかに、貧しさをかみしめることを強《し》いられている人々がいる。いわゆるブラック企業に搾取《さくしゅ》されている労働者たちがいる。非正規雇用の人たちの悲哀がある。このような状態を放置していれば、日本は間違いなく、いつまでたってもデフレから脱却することはできない。

強い日本や世界一になる日本が“yen for”すべき対象だと考えるのは、時代錯誤だ。いまの日本は、すでに世界一と言うに足る豊かさを充分に手に入れている。それをなぜ、もっと上手に分かち合えないのか。もっと上手な分かち合いを実現するためには、何をどうすればいいのか。この問いかけに対する解答をこそ、いまのわれわれは真剣に“yen for”すべきなのだと思う。

そのような志をもってものを考えていけば、むやみに自国通貨を安くして世界一をめざすようなシナリオは出てこないはずなのである。

2 円の値段はホントはいくら？

「ポケットの中の1ポンド」で人々を煙に巻いたウィルソン・マジック

ここで唐突ながら、しばし一九六〇年代のイギリスに目を転じてみたい。通貨の価値というものについて、少し思いをめぐらせておきたいからである。

「これでなにも、みなさんのポケットやハンドバッグや銀行口座の中のポンドの値打ちが下がるわけではありません」

イギリスの当時の首相ハロルド・ウィルソン氏はこう言った。時は一九六七年十一月十九日のことである。

このとき、ポンドは大いなる危機を迎えていた。一九六七年といえば、まだドルを軸とする固定為替相場制度が続いていた時代。1ドル＝三六〇円時代である。そのもとで、イギリスが守るべきポンドの固定相場は1ポンド＝2・80ドルだった。

だが、イギリスがこのポンド水準を守ろうとすると、どうしても思うように経済を拡大させることができない。輸入が増えて貿易赤字が拡大してしまうのである。赤字決済のために、イギリスはドルを調達しなければならない。そのためのポンド売り・ドル買いがポンド相場に下押し圧力をかける。すると人々は、イギリスは1ドル＝2・80ドルの固定レートをきっと守りきれないだろうと思いはじめる。その思惑に基づく投機的なポンド売りも始まって、ポンド安プレッシャーがますます高まる。

この圧力を押し戻すためには、ドル売り介入でポンド相場を守るか、さもなくば、自国経済の拡大にブレーキをかけて輸入を抑制しなければならない。だが、介入には限界がある。自国経済の引き締めはやりたくない。

そういうことであれば、イギリスに残されたオプションはただ一つ。ポンドの固定相場を切り下げることである。ポンドが安くなれば、価格競争力がつくから、輸出が増えて輸入が減る。そうすれば、対外赤字の拡大も収束に向かうから、ポンドを売ってドルを買う必要性も低下する。投機家たちも、ポンド切り下げがひとまず的中すれば利益確定に入る。したがって、投機的なポンド売り圧力もさしあたり鎮静化する。

そのようなかたちでの事態収拾を目論んで、ウィルソン政権はポンドの一四パーセント切り下げに踏みきった。冒頭のウィルソン発言は、この切り下げ政策を発表するためのスピーチに出てきたものである。

あの当時、イギリスは「英国病」とレッテルを貼られた経済的低迷で、すっかりくすぶっていた。したがって、元の1ポンド＝2・80ドルという固定レートは、彼らにとってかなり過大評価で、そもそも、守るには荷が重い相場水準になっていた。その意味で、切り下げはそれなりに合理的な選択ではあった。

だが、それでもやはり所与のレートを守りきれず、自国通貨の価値切り下げに甘んじるのは、政治的に体裁のよいこととは決して見なされなかった。ポンドの切り下げは、投機筋への敗北宣言。そのような非難を浴びることは覚悟しておく必要があった。冒頭の言い方は、要するに、そうした想定される批判に対する言い訳だったのである。

一四パーセントの切り下げによって、ポンドの対ドル新固定レートは、1ポンド＝2・80ドルから、1ポンド＝2・40ドルに低下した。「だからといって、それでみなさんのお手元のポンドが価値を下げるようなことはないですよ。1ポンドは、あくまでも1ポンドのままですからね」。ウィルソン首相はその点を強調したかったわけである。

これは、一見したところではもっともらしい。1ポンドは、たしかに、たとえ対外的には2・80ドルから2・40ドルに価値が下がろうとも、国内的には1ポンドのままである。これは間違いない。だが、じつをいえば、話はそう単純ではない。

ポンドの対外的な価値が切り下がれば、第一に輸入物価が上昇する。1ポンドの価値が2・80ドルから2・40ドルに下がれば、いままでは1ポンドで買えた輸入品が、1・17ポンド出さなければ買えなくなる。1ポンドはたしかに1ポンドのままだが、その購買力はやはり低下することになるわけだ。

それに加えて、ポンド安にともなって輸出が増えれば、そのぶん国内向けのモノの供給は減少することになる。供給力によほど余力があれば別だが、そもそも、輸入増で対外収支の赤字が膨らんでいるような場合には、国内産業の供給力にさほどのゆとりはないはずだ。したがって、需給関係からいっても、モノの値段には上昇圧力がかかると考えるのが自然である。

かくして、輸入物価の上昇と国内需給のタイト化の両方向から、国内経済はインフレ化する。すると、ポケットの中の1ポンドの購買力は低下することになる。

このように対外的な通貨価値の変化は、対内的にもその通貨の購買力に影響を及ぼす。ウィルソン首相の「ポケットの中の1ポンド」発言は、そこを意図的に無視したまやかしか。はたまた、経済オンチの無知発言だったか。そこはよくわからない。

だが、ウィルソン氏はオックスフォード大学で経済学を専攻したのである。よもや通貨の価値に関するイロハ的な力学を知らなかったはずはない。となれば、「ポケットの中の1ポンド」発言はかなり胡散《うさん》くさい。とはいえ、決してウソだともいえない。このあたりは、したたかな狡猾《こうかつ》政治家としてのウィルソン氏の面《つら》の皮の厚さが冴《さ》えわたったといったところか。

ちなみに、1ポンド＝2・80ドル時代のポンド円関係は、1ポンド＝一〇〇八円だった。1ドル＝三六〇円から容易に計算できる値である。それが一四パーセントの切り下げによって、1ポンド＝八六四円となった。

1ポンド＝一〇〇八円時代をイギリスで過ごした筆者にとっては、この変化はなかなかに衝撃だった。当時、中学二年生だった筆者は、このポンド切り下げ事件がきっかけでエコノミストの道を志すことになった。この選択は、筆者をとびきりおもしろい謎解きの世界に引き込んでくれた。そのことをじつに喜んでいる。

ただし、このポンド切り下げを演出したウィルソン氏の舌先三寸に関して、その巧妙さに感謝すべきかどうかは微妙だ。

ポケットの中の三六〇円が天井となった成長期のニッポン

じつをいえば、日本もまた戦後の高度成長期を通じて、円を守るか成長を優先するかで頭を悩ますことしばしばだった。

「国際収支の天井」という言葉を懐かしく記憶されている読者も多いだろう。

戦後の復興と発展のなかで、日本経済は急速に成長率を高めていった。復興・発展にともなう旺盛な需要が経済活動を盛り上げる。だが、なにしろ焼け跡経済からの出発だから、国内供給力には限界がある。成長が少しでも加速すると、輸入が増えて対外赤字が大きく膨らんでしまう。すると、ポンド危機の場合と同じ力学がはたらいて、1ドル＝三六〇円を守ることが難しくなる。国際収支の天井に頭がぶつかって、やむなく経済成長の首を縮めなければならない……。

復興期から高度成長期に向かう日本は、この天井のおかげで、さんざんもどかしい思いをさせられた。これさえなければ、もっと成長できるのに。そう思って、国際収支の天井をうらめしげに見上げる日本の企業戦士たち。高度成長期とは、そんな時代であった。

成長したい。大きくなりたい。先進諸国に追いつけ、追い越せ。

もちろん、こうしたYENに対して、1ドル＝三六〇円の対ドル相場は前述のとおり、たしかに鬼に金棒の機能を果たしてもいたのである。

五〇〇円で買えるものは何か

詭弁《きべん》に長《た》けたイギリスのウィルソン元首相だったが、話術といえば、やはりわれらが噺《はなし》家《か》たちには敵《かな》わない。いまは亡き笑いの名手・古今亭志ん生師匠が、ある落語の枕（導入部）で次のように言っている。

「明治から大正のころは、何でもとにかく安かったね。いまどきはすっかりモノの値段が上がっちゃってる。下駄の鼻緒が三〇〇円とか五〇〇円もするんだからね。むかしは五〇〇円も出せば下駄屋が買えたよ」

ここで師匠が言っている「いまどき」は一九五八年。「鮑《あわび》のし」という奇妙奇天烈《きてれつ》な落語の枕でこの話をしている。本題自体も、じつはなかなか経済学的な示唆《しさ》に富んでいるのだが、この点を追究するのはまた別の機会に譲るとして、とりあえず下駄の鼻緒の値段に

直近２年間のドル円相場の推移

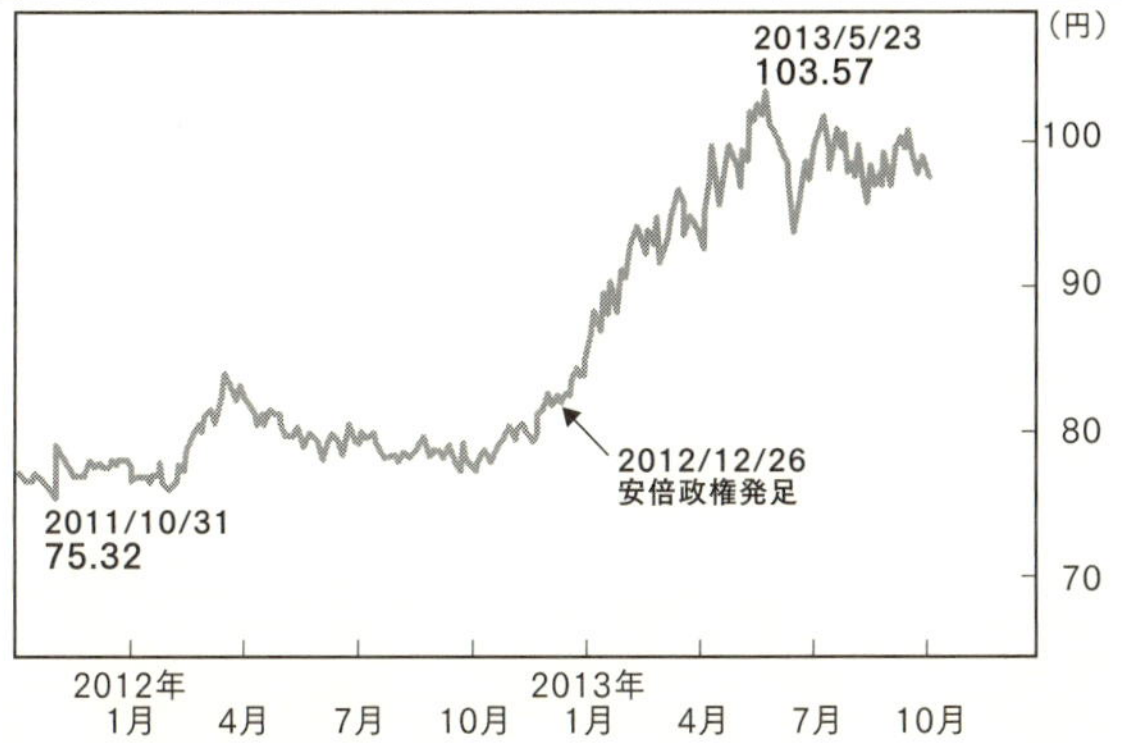

出所：日本証券新聞社

着目しよう。

一九五八年の五〇〇〇円と、明治・大正期の五〇〇〇円とでは、たしかに購買力の差はとてつもない。明治は1ドル＝二円の関係にある円だった。二円といえば、けっこうな大金だった時代。たしかに五〇〇〇円もあれば、立派なお店の一つも買えただろう。志ん生師匠の経済感覚はなかなかいいところをいっている。

かたや一九五八年に下駄の鼻緒一組が五〇〇〇円したというのは、思いのほか高い。だが、当時の日常感覚だから、これもそんなに的を外しているとは思えない。一九五八年といえば、復興期から高度成長期に向かおうとするタイミング。朝鮮戦争もあった。日本経済がかなりインフレ化していた時期である。国際収支の天井を大いに気にしなければいけなかった。モノの値段もずいぶんと高くなっていただろう。

それに対して、いまはどうか。1ドル＝三六〇円時代は、はるかに遠い。アベノミクスの円安大作戦をもってしても、円相場は本書の執筆現在、1ドル＝九七～九八円あたりで推移している。

五〇〇円の購買力にも、相当に変化が生じている。いま下駄の鼻緒一組なら、ひょっとすると一〇〇円ショップで買えるかもしれない。もっとも、下駄も鼻緒もいまや文化財化している面がある。このぶんを計算に入れるとややこしくなるから、下駄の鼻緒一組をソックス一足とか、ビーチサンダル一足に置き換えてもいいかもしれない。

いずれにせよ、五〇〇円の購買力は、明治・大正期にははるかに及ばないが、昭和の初期にくらべれば、かなり上がっているのが現状だ。

ことほどさように、通貨の価値は世につれて大きく動く。ポケットの中の1ポンドも五〇〇円も、値打ちは決して不変ではない。

円の価値を探す旅路へ――通貨的歴史探訪

筆者はこのＰＨＰビジネス新書シリーズで、通貨の価値の本質を追究させていただいてきた。

一冊目の『「通貨」を知れば世界が読める』では、イギリスの通貨制度の歴史と金本位制の成立過程に着目するところから始めて、基軸通貨というもののあり方を考えた。

二冊目の『「通貨」はこれからどうなるのか』では、通貨的未来の展望を試みた。基軸通貨の時代が過ぎ去ったいま、われわれはどのような通貨世界に足を踏み込もうとしているのか。それを考えるなかで、地域通貨というものの可能性に思いを馳せた。そして、一国一通貨体制が崩れたときの通貨秩序のあり方にも言及した。

そして今回、三冊目の本書で、円という「通貨」にあらためて焦点を当ててみた。そして、その形成史を丹念に追ってみようと考えた。円という通貨は、どのような経緯で生まれてきたのか。円が出現するまでの過程で、日本の人々はどのような通貨的日常を営んでいたのか。そのなかで、どのような経済力学がはたらいたのか。それらの力学と人々はどうつきあい、それらの力をどう制御してきたのか。

これらのことを時の流れに沿って追跡していく。そうすることによって、円という通貨がどのような到達点に来ているかを見極めることができる。それができれば、いまわれわれに求められていることが何であるのかがわかる。
このような問題意識から、通貨シリーズ第三弾の本書に取り組んでいきたい。
またまた、おつきあいをお願いするしだいです。

第2章

「インフレ狂騒曲」はくりかえす

1 陰陽道と通貨の共通点

通貨はなぜ「通貨」なのか

さて、ここからが本格的な「円の正体」を見極める旅の始まりである。みなさんとは、ずいぶんといろいろな旅をごいっしょさせていただいている。いつも辛抱強くおつきあいいただき、じつに筆者は幸せ者だ。

そういえば、「旅は恋人たちの出会いで終わる」という言葉がある。ご存じ、シェイクスピア大先生の戯曲『十二夜』に登場する道化師がこの一節を歌い上げる。ある兄と妹が海難事故にあって別れ別れになる。だが、結局は同じ島に漂着し、それぞれに恋人を見つける。道化師は、島のお姫様つきスタッフの一人。二組の恋人たちをめぐる涙あり笑いありのラブコメディ。それが『十二夜』のあらましである。シェイクスピア先生のお芝居は、血みどろの大悲劇や重厚な歴史ものもいいが、この手の軽妙な恋愛ものでもなかなかの味を出している。

本書の旅の終わりで、われわれはどんな恋人に出会うのだろう。この旅を通じて、われわれは円という通貨と恋に落ちることになるのだろうか。だとすれば、円のどんなところがどんな具合に、われわれを魅了するのだろう。楽しみなことである。

恋の旅路に踏み出すにあたっては、それなりの準備が必要だ。用意周到であってこそ、恋もみごとに成就するというものである。この旅のはじめに欠かせない準備とは何か。それは、やはり「通貨」というものをしっかりと理解しておくことだろう。

この点については、ほかの拙著においても言及している（『「通貨」を知れば世界が読める』PHPビジネス新書、『中国経済 あやうい本質』集英社新書、など）。もしも、まことにありがたいことに、みなさんのお手元にこれらの拙著のいずれかがあるようならば、それらもあわせてご覧いただければたいへん幸いだ。もちろん、新たにご購入いただければ大いにありがたい。

いずれにせよ、何はともあれ「通貨」という言葉の定義を見てみよう。『広辞苑』（第六版）は次のように定義している。

「強制通用力を有する貨幣の意で、狭義には流通貨幣を意味する現金通貨」

なるほど。それなりにはわかる。この定義がまず言っていることは何か。それは要するに「通貨」とは「貨幣」だということである。

どのような貨幣であるかといえば、「強制通用力を有する貨幣」だと言っている。「狭義には」以下の部分は、とりあえず無視しておこう。いずれ立ち返ることもあるかもしれないが、このあたりに踏み込むとわれわれの頭の中は混乱するばかり。「通貨とは、すなわち強制通用力を付与された貨幣である」。これが『広辞苑』流の通貨の定義の基本部分だと、まずは踏まえておこう。

国家が強制しなくても通用する通貨もある

「通貨」をこのように定義するのであれば、次におのずと湧いてくる疑問がある。それは、そもそも「貨幣」とは何かということである。

この点について、『広辞苑』はどう言っているか。次のとおりだ。

「商品交換の媒介物で、価値尺度・流通手段・価値貯蔵手段の三つの機能を持つもの」

なるほど。これも、後段の「価値尺度」云々の部分はとりあえず無視しよう。「貨幣」

とは「商品交換の媒介物」だ。まずは、この点を押さえよう。

以上、「貨幣」と「通貨」の定義を合体させるとどうなるか。次のとおりでひとまずいいだろう。

「通貨とは、商品交換の媒介物であり、しかも、強制通用力をもつ貨幣のことを言う」

これで、『広辞苑』流の通貨の定義を整理することができた。

さて、これをどう受け止めるか。端的にいって、筆者はこの定義に少々疑問がある。大筋としては、そのとおりだ。だが、「強制通用力」という言い方がひっかかる。「強制」とはどういうことか。だれがだれに「強制」するのか。なぜ、あえて「強制」なのか。「通貨とは通用力のある貨幣である」。これでいいのではないか。筆者にはそう思える。

実際問題として、別段だれかが強制力を発揮しなくても、貨幣が通用力をもつことはある。それは、いかなる場合か。貨幣に足が生えて、より広く、より遠くまで旅ができるようになった場合である。

いみじくも、江戸の庶民たちは、おカネのことを「御足《おあし》」と呼んでいた。そしてまた「天下の通用」という言い方もしていた。おカネには足が生えている。その足で天下に出まわり通用していく。カネは天下のまわりもの。なんと江戸っ子たちは、通貨の特性をよく把握《はあく》していたことか。

江戸中期の有職故実《ゆうそくこじつ》の大家・伊勢貞丈《さだたけ》も次のように言っている。

「銭を料足とも要脚とも云、（中略）銭の世上をめぐりありく事、足あるがことし」（『貞《てい》丈雑記《じょうざつき》』）

かくして、江戸の庶民としきたり研究の大家に力を借りれば、通貨の定義を次のように言い換えることができる。

「貨幣に足が生えると通貨になる。生えた足が長くなればなるほど、その貨幣の通貨性は高まる」

『広辞苑』が言う「強制」とは、貨幣に足が生えてから、その次に来る展開ではないかと思う。ある貨幣の足がすっかり長くなり、通用性が高まってきた。そのような貨幣の通用性を権力が公式に追認するのが「強制」行為なのではないか。

場合によっては、権力が強制認知しなくても、どう見ても立派に足が生えているので、通貨として通用する貨幣というものがあるだろう。さらにいえば、いくら権力が強制的に通貨を定めても、だれもその足が本物だとは思わないので、通用力が定着しない場合もありうる。

たとえば、東欧諸国におけるユーロの位置づけを考えてみよう。

東欧諸国のなかには、ユーロ圏に加盟しているわけではないのに、ユーロが支払い手段として当たり前のように通用している国々がある。彼らにとってユーロは強制通用力を付与された存在ではない。だが、彼らはユーロを通用性のある足長通貨としてすっかり認知している。どうかすれば、彼らは自国の法定通貨、すなわち強制通用力を付与された支払い手段よりもユーロのほうを大事にする傾向がある。彼らにとっては、法定通貨よりもユーロのほうが足長通貨に見えているのである。

もっとも、いつまでユーロがその通貨性を保持できるかはわからない。そのあたりがきわめて怪しいと筆者は思っているのだが、これはまた別のテーマ。当面の状況とすれば、ユーロの事例は、強制をともなわない通貨性というものの意味をよく示してくれている。

「足の長さ」と利便性は違う

さて、ここで誤解を避けるために確認しておくべきことが一つある。それは、「貨幣に足が生える」という言い方の意味である。

ここで言う「足が生える」という表現は、決して「持ち運びのしやすさ」とか「使い勝手のよさ」を示しているわけではない。こうした利便性の概念と、通貨的な意味での足の長さは、まったく無縁ではない。だが、決して同じでもない。

足の長さとは、言い換えれば、人々に信用される度合。いくら持ち運びが簡単な貨幣でも、「こんなもん、おカネじゃない。こんなもん受け取れない」と言われてしまえば一巻の終わり。通貨に変身するために必要な足の長さは確保されない。

逆に、いくら重くてかさばって使い勝手が悪くても、「やっぱり、これじゃなくちゃ」と言ってもらえるのであれば、その貨幣は立派に通貨に昇格することを許される。通貨としての足の長さは、あくまでも人々による信頼の深さの尺度なのだ。物理的な利便性は付随的な側面ではあっても、本源的な特性ではない。

持ち運びやすさとか使い勝手のよさという観点からいえば、今日における国々の諸通貨は大同小異だ。

どの国でも紙幣と硬貨を使っている（じつをいえば、硬貨が今日的通貨といえるのかという厄介な問題もあるが、これもひとまず無視しておこう）。たしかに、多少の利便性格差はある。大きすぎて仕舞いにくく、辟易《へきえき》する紙幣もある。小さすぎてもちにくい紙幣もある。

表示金額が違うのに、すべての紙幣が色も形も同じで見分けにくい。そんな紙幣もある。やたらにゴロゴロして邪魔な硬貨もある。だが、総じていえば、便利さの観点から見て、いずれかの通貨に決定的な優位性があるわけではない。

だが、それにもかかわらず、国々の通貨の足の長さは明らかに違う。だれも聞いたことがないような国の通貨は、いくら使い勝手がよくても、足は短い。いくら使い勝手が悪くても、明らかに世界の主役と思われている国の通貨は足長通貨で、ずいぶんと遠出もできてしまう。

その意味では結局のところ、通貨は人々が通貨だと思うから通貨なのである。あるモノが有する物理的な特性が、そのモノの通貨性を決めるわけではない。

ここで、ある物語のワンシーンを思い出す。今度はシェイクスピアではない。かの夢枕獏先生の超人気平安朝ファンタジー『陰陽師《おんみようじ》』シリーズの一場面である。魅惑のイケメン陰陽師・安倍晴明が無二の親友の源博雅と酒を酌み交わしながら会話している。次のような調子だ（『陰陽師 付喪神ノ巻』文春文庫）。

〈安倍晴明曰く〉

「では、石の話をしよう」

(源博雅曰く)

「う、うむ、石だな」


以下、交互にやりとりが続く。


「石だ」

「石がどうした?」

「たとえば、ある場所に石が転がっている。……まだ、それには、石という名がつけられていない。つまりそれは、まだ、硬くて丸いだけの名のないものだ」

「しかし、石は石ではないか」

「いや、まだ、それは石ではないのだ」

「なに⁉」

「人が、それを見、それを石と名づけて——つまり、石という呪《しゅ》をかけて初めて石というものがこの宇宙の中に現われるのだ」

要するに、石は人々が石だと思うから石なのだということである。石も通貨も、そこに人々がどのような思いを託すかで、その存在感が決まるのだ。かくして、陰陽道は通貨の経済学に通じる。

陰陽道と通貨の経済学の親近性を確認するために、晴明さんと博雅さんのやりとりをさらにひと息先まで読み進んでみよう。晴明さんは次のようにも言っている。

その石を、誰かが握って、誰かを叩いて殺したとする……それは、ただの石であったのだが、誰かがそれを握って誰かを殴るという行為によって、その石に武器という呪がかかったことになる。

この陰陽道の極意を通貨の経済学の言葉に言い換えれば、次のようになる。

「その石をだれかが握って、だれかに対する支払いに使ったとする……それはただの石であったのだが、だれかがそれでだれかに支払いをするという行為によって、その石に通貨という呪がかかったことになる」

陰陽道から通貨の経済学への言い換えは、かくも容易なのである。

もっとも、ここでも注意を要する点が一つある。

石を武器に変貌させるには、武器の使い手の意思だけで事足りる。殺人者が石を道具として用いれば、石はただちに凶器と化すことになる。だが、石を通貨に変えるには、相手の同意が必要だ。一人でいくら頑張って呪をかけても、相手がその気になってくれなければ、石に通用性という名の足が生えることはない。陰陽道は一人でもできるが、通貨の経済学はあくまでも共同作業なのである。

通貨はいつまで通貨なのか

平安の闇にあまり長いことさまよっていてはいけない。晴明さんが言う「陰態のもの」と化して、いまの世に帰ってこられなくなってしまうかもしれない。

ただ、ここでもう一つだけ、通貨の経済学を追究するうえで陰陽道から学んでおくべき点がある。それは、いったんは通貨としての位置づけを得たものでも、いつまでも通貨でありつづけることができるわけではない、ということである。

石は、人がそれを殴打殺人に使えば凶器になる。だが、その殺人者がそれを道端に放り出して逃げ去れば、ふたたびただの石に戻ってしまう。むろん、一度血の味を覚えてしまった石だから、ひそかな殺人願望を抱く人間を呼び寄せて、ときおりまた凶器と化すことがあるかもしれない。そういった怪談はよくある。

それはともかく、ある期間、通貨だったものも、時がたてば通用性を失うことがあるだろう。われらが愛すべき円という通貨も、千年後にはたして通貨でありつづけているのか。通用性の足はすっかり擦《す》り切れて、レトロな装飾品として別の愛され方をしているかもしれない。

さらにいえば、一般人にとっては通貨である存在が、特殊技能を有する専門家にとっては有力な武器として機能する場合もある。そのことをわれわれに示してくれている有名人がいる。その名は「銭形平次」。ご存じ、江戸の治安を預かる腕利きの岡っ引さんだ。

平次親分の得意技は言うまでもない。いつも腰に穴あき銭の束をぶら下げている。逃げる悪者たちに向かって、ここぞというときに投げつける。投げ銭が命中した相手は、もんどり打ってぶっ倒れる。そして、御用となってしまう。平次親分にとっては、穴あき銭の購買力よりは、その〝手裏剣力〟のほうがはるかに大事なのだ。

このあたりまで思いをめぐらせておけば、通貨とは何かということについて、それなりの認識を共有させていただくことができたかと思う。そう願いつつ、次項以降ではいよいよ円の歴史的歩みをたどっていくこととしたい。その歩みのなかで、円という通貨の足はどう育ち、どう伸び縮みしてきたのか。ごいっしょに確認していこう。

なお、ここから先は、基本的に用語を「通貨」に統一することとしたい。円という通貨の黎明期に関していえば、むしろ「貨幣」という言い方のほうが適切だと思われる場面もある。だが、そこにあまりこだわっていると話が錯綜《さくそう》して厄介になる。江戸庶民がいち早く「御足」という言葉を使っていたことを思えば、日本史に登場する貨幣たちには、かなり早い時期から足が生えはじめていたと考えて大過ないだろう。そのような解釈に立って、通貨という言葉を基本用語としていきたい。

ただし、固有名詞や一般名称化している呼び名などに貨幣という言葉が含まれている場合はむろん、それをそのまま使うこととする。

それではいざ、通貨史の世界へ。

2 通貨が生まれ、インフレも生まれた

国家なくして通貨なし、通貨なくして国家なし

日本の通貨史の初期を飾る通貨のイメージとして、だれもがすぐ思い浮かべるのは、やはり「和同開珎《わどうかいちん》」だろう。七〇八年がそのデビュー年である。

さらにさかのぼれば、和同開珎よりも先輩の「富本銭《ふほんせん》」というのもある。銅銭である。もっとも、これは通貨ではなくて、もっぱら副葬品などに用いられたという説が有力だ。陰陽師の世界に属するツールの一つ。そう考えてもいいだろう。ただし、通貨機能をもっていたという説もあるから、少しは足も生えかかっていたのかもしれない。

また富本銭よりさらに以前のもので「無文銀銭《むもんぎんせん》」と呼ばれる銀銭も発見されている。これこそ日本最古の通貨という説もある。

ちなみに、奈良時代の歴史書『日本書紀』によれば、六八三年に「いまより以後、必ず

銅銭を用いよ。銀銭を用いることなかれ」といった趣旨の詔《みことのり》が発せられている。この詔で言う銀銭が「無文銀銭」で、銅銭が「富本銭」を指すという考え方があるらしい。そういうことなのであれば、たしかに「和同開珎」のデビュー以前の段階で、日本には「天下の通用」が存在したことになる。

しかも、前記の詔は、銀銭から銅銭への通貨の切り替えを指示している。銀銭に代わって銅銭に、先の『広辞苑』の記述が言うところの「強制通用力」が付与されたわけである。この政策方針の背後に、いったいどのような展開があったのか。そのことに対して、当時の人々はどういった反応を示したのか。銀銭と銅銭は、どのようなかたちで足の長さを競ったのか。なぜこの競い合いが生じることになったのか――。

通貨の経済学を探訪する者としては、大いに謎解きの血が騒ぐ。いずれ深く掘り下げてみたいところだ。

いずれにせよ、日本の通貨史の起源は七世紀ごろと見てよさそうだ。いわゆる飛鳥時代である。天皇を頂点として、中央集権体制がしだいに整えられていく時代であった。古代史や考古学の専門家のみなさんにおかれては、このような雑駁《ざっぱく》で乱暴な整理の仕方には、さぞや身の毛がよだつことだろうが、どうぞご勘弁ください。

思えば、通貨体制の確立と中央集権国家の成立は、多くの場合において表裏一体の関係にある。通貨なくして国家なし。国家なくして通貨なし。そういうことなのだろうか。そうだとすれば、いまのユーロ圏については、どう考えればいいのか。あるいは、いまの日本のなかに、円ではない独自の通貨をもつ地域が出てきたらどうか。地ビールならぬ〝地通貨〟。その地域が〝地通貨〟に特化して円を使わなくなったら、日本国はどうなるのか。これまた、謎解きの血をかきたてるテーマである。だがひとまず、こういったところに紛れ込むのは回避して先に進もう。とはいえ、この問題意識は覚えておこう。

いずれにせよ、「天下」としての国家の形成と、そのスムーズな運営に必要な「天下の通用」としての通貨の確立は、間違いなく強く結びついている。いみじくも和同開珎が発行された背景には、平城京造営のための労働力確保や資材調達という目的があったと考えられている。前述のとおり、和同開珎の登場年が七〇八年。そして平城京遷都が七一〇年である。たしかに、このタイミングの一致ぶりを無視するわけにはいかないだろう。

奴隷制国家でないかぎり、国家目標のために人々に労役を課すに際しては、何らかの対価を渡す必要が生じる。だが、現物支給にはおのずと限界がある。したがって、そこに経済取引の通貨化の余地が芽生えてくるわけだ。

和同開珎の足の長さは？

さて、ここで問題になるのが、例の「強制通用力」だ。いくら和同開珎を支払い手段と定めても、その通用性を人々が受け入れてくれなければ話にならない。

これがいまの世の中であれば、だれもが一万円には一万円の価値があると思ってくれる。いまの一万円は「一万円相当」の金とか銀とか銅と交換可能だから一万円の価値があるわけではない。一万円を日銀にもちこんで両替してくれといくら要求しても、一万円はあくまでも一万円にしか取り換えてもらえない。一万円を一万円たらしめているのは、日本国政府および日本銀行と、われわれ国民との約束事。一つの社会契約である。

かくして、いまや一国通貨の価値は、その国民と国家とのあいだにおける契約関係によって決まる。この契約には、なんら物的裏打ちは存在しない。これがいわゆる「管理通貨制度」というものの本源的な意味である。和同開珎から管理通貨制度にいたるまでには、日本も世界もずいぶんと長い旅路を経てきた。その経緯も、本書を通じてさまざまなかたちで確認していくことになる。

なお、ここで大急ぎでつけくわえておくべき注釈がある。やや先走るが、やはり次に進む前に確認しておこう。

政府と日銀はわれわれに対して、つねに一万円が一万円であることを保証している。だが、だからといって、彼らは一万円で買えるモノの分量や質がつねに一定であることを約束してくれているわけではない。昨日も今日も明日も、一万円出せば同じモノが買えるとはかぎらない。昨日は一万円で買えたブランド物が、今日まで購入をもちこした結果、一万二〇〇〇円になってしまうかもしれない。今日買うことを我慢して明日まで待ったおかげで、ひょっとすると同じものが九〇〇〇円で買えてしまうかもしれない。

一万円が一万円であることを保証するのと、一万円の購買力を一定に保つこととは意味が違う。後者を保証するためには、政府・日銀は物価変動絶対禁止政策をとらなければならない。

先の「銀銭から銅銭への切り替えの詔」も、遵守してもらうことはなかなか難しかっただろうが、「物価変動絶対禁止令」などというものを今日の通貨環境のなかで確実に施行するのは至難の業《わざ》だ。もっとも、一九七〇年代のアメリカでは、それに近いことが一定期間続いた。だが、それによって、当時のアメリカ経済が直面していた猛烈なインフレ圧力を本質的な意味で払拭《ふっしょく》できたわけではまったくなかった。

話が紀元七〇〇年代の日本から、一九七〇年代のアメリカにすっ飛んでしまった。時間を巻き戻そう。

和同開珎導入時の朝廷は、民をして、和同開珎を和同開珎だからというだけの理由でありがたがらせるわけにはいかなかった。和同開珎で何がどれだけ買えるのか。それをはっきりしてもらえなければ、人々は労働の対価として和同開珎を受け取らない。

そこで当時の朝廷は、和同開珎の銅銭一文が穀《もみごめ》六升に相当し、五文で布一常《きだ》と交換できるという関係を定めた。そのうえで、盛んに和同開珎の流通促進に努めたのである。その一環として、役人への給与支払いの一部を現物から和同開珎に切り替えた。

同じねらいから、七一一年には「蓄銭叙位令」が施行されている。これは、銭を一定量蓄えて、それを政府に納めれば官位を与えるという制度である。文字どおりカネで地位が買えたわけである。いまでも内緒でこれをやる人は少なくないようだが、公の制度としてこれを導入したのだから、すごい。さぞや和同開珎の足を長くすることに効果てきめんだったことだろう。

こうしてみれば、古代の人民はなかなかどうして、したたかだった。朝廷であろうと何であろうと、これがカネだと言われただけでは信用しない。どれほどの使い出があるのか、それを明示してくれなければ、銅のかたまりを俸給として受け取るわけにはいかない。そういった構えで権力と対峙していたわけだ。

それにひきかえ、現代のわれわれは一万円を一万円だと頭から信じ込んでしまっている。少々ものわかりがよすぎるような気がする。

銅銭なのに銅銭じゃなくて

もっとも、当時の朝廷も負けてはいなかった。民による厳しい購買力チェックを受けつつも、あの手この手で次々とさまざまな通貨の定着を試みていったのである。奈良時代から平安時代にかけて、じつに一二種類の通貨が発行されている。奈良時代に三種類、平安時代に九種類。これらを総称して「皇朝十二銭」と言う。

日本の通貨第一号である和同開珎のお披露目が七〇八年、皇朝十二銭のラスト通貨「乾《けん》元《げん》大宝」の登場が九五八年だったから、平均すれば、およそ二十年に一度のペースで新通貨がデビューしていったわけである。目まぐるしいことだ。ひたすら円という通貨とともにに生きてきた今日のわれわれには、なかなかイメージしがたい通貨環境である。

たんに目まぐるしかったばかりではない。新たな通貨が導入されるたびごとに、その価値は大きく歪《ゆが》められていくことになった。端的にいえば、新通貨の足が旧通貨の足より必ず長くなるような工作がなされたのである。

具体的には、新銭発行に際して必ず、その価値が旧銭の一〇倍に設定された。明日の銭の足は、今日の銭の一〇倍長くなるというわけだ。逆にいえば、今日の銭の足は、明日の銭の一〇分の一に短足化してしまう。昨日の短足通貨を一〇枚束ねなければ、明日の足長通貨一枚ぶんの値打ちを確保できないのである。

通貨を発行する側からこの関係を見れば、今日からは昨日までの一〇分の一の銅の量で昨日までと同じ支払いを賄《まかな》えることになる。こうすれば、当時はきわめて貴重だった銅の大いなる節約になる。

しかも、それればかりではなかった。今日の銅銭一枚が昨日の銅銭一〇枚の価値があると定めたうえで、そもそも銅銭一枚に含まれる銅の分量を少なくするといった手法がとられはじめた。それに加えて、銅銭の大きさを小さくするという細工も施されるようになったのである。

いつの世にも悪知恵がはたらく人がいるものだ。銅銭一枚の価値を一〇倍にしたうえで、銭一枚ずつの銅の含有量を減らせば、ますます同じ支払いのために費やす銅の量は少なくてすむ。おまけに銭の大きさを小さくすれば、さらに一段と銅を節約できる。当時の政府のお偉方たちは、いかばかりか、ほくそ笑んだことだろう。

ちなみに、金・銀・銅などを使った金属硬貨の金属含有量を落として通貨を発行すると、その発行主体はいわゆる「通貨発行益」を手に入れることになる。たとえば銅銭一枚に投入する銅の量を九五パーセントにとどめて、残りの五パーセントはほかの素材で賄ったとしよう。すると、この銅銭の発行主体はほかの素材を使った五パーセント相当ぶんだけ、手持ちの銅を使わずにすむ。この歩留《ぶど》まり九五パーセントの銅銭でモノを買えば、要するに九五円で一〇〇円のモノが買えてしまうことになる。この差額が通貨発行益だ。

この程度の差益ならまだいい。たとえば銅銭の銅純分を一〇パーセントまで落としてしまえば、一〇円で一〇〇円のモノが買えてしまうことになる。こうなってくれば、もはや詐欺《さぎ》に等しい。

実際、この詐欺まがいの行為は皇朝十二銭の時代が下るとともに激しくなっていった。最後のころには、銅銭とは名ばかりで、とても小ぶりで見るからに貧弱な銭が出まわるようになっていたのである。わずかの元手でビッグプロジェクトを仕上げる。そんな野望に燃えていた建国の祖のみなさんにとっては、通貨価値を劣化させるという手法が、さぞかし理想的なソリューションに見えていたことだろう。

偽りの足はすぐに擦り切れる

しかしながら、事は決して彼らの思惑どおりには運ばなかった。ここでもやはり、庶民の知恵と機転が彼らの行く手を阻《はば》んだのである。

まずは、新通貨の発行に際して、旧銭から新銭への切り替えがスムーズには運ばなかった。それも道理だ。新銭の銅含有量が旧銭よりも低いことは、だれが見てもそれなりにすぐわかる。たとえ、そのあたりの感受性が鈍い人でも、旧銭一〇枚に対して新銭一枚はひどすぎると思うだろう。

人々は旧銭を新銭に両替する代わりに、旧銭を溶かして元の銅に戻してしまった。そうして手元にもっていれば、ひょっとして高く売り飛ばすことができるかもしれない。そのうえで新銭を手に入れたほうが格段に得策だ。そもそも、得体の知れない新銭よりは銅の現物のほうが、はるかに価値がありそうだ。賢い彼らはそう考えて、銅の退蔵に走ったのである。

余談ながら、こういったことはいまの世でもある。欧州でユーロが導入された当初がそうだった。

各国の旧通貨をユーロに切り替えるにあたって、はたと困ったのが、箪笥《タンス》預金と呼べるような現金をたくさんもっていた人々だった。それらをユーロに切り替えるということは、隠し資産が明るみに出ることを意味する。すると、その資産に税金をかけられてしまう。場合によっては、莫大な追徴税を取られることになる。それは困る。さりとて、旧通貨のまま現金をもっていても使えなくなる。

そこで、あのユーロへの通貨切り替え時期には、突然あちらこちらで不動産取引が増えたり、家の改造が盛んになったり、高いものがやたらと売れるようになったりした。莫大な資金を整形手術に投じた人々もたくさんいたらしい。この際、ユーロを手に入れるより自分の美しさを磨いておいたほうが、投資効果は大きい。そんな読みだったのだろう。古代の人々の銅の退蔵とはやや話の経緯は異なるが、いずれにせよ、国の通貨制度変更に対する人々の資産防衛行為であることには変わりない。

話を戻そう。旧銭から新銭への切り替えがそれなりに進んだあとも、政府の悩みが消えたわけではない。新銭への人々の不信感が、しだいにすさまじいインフレを呼ぶようになっていったのである。これもまたよくわかる。

たとえば、お店でだれかが新銭を出す。するとお店の主は言う。

「お客さん、それ新銭でしょ。だったら、一枚じゃなくて一〇枚出してもらわないとダメよ。旧銭なら一枚でいいよ。大きさも立派だし、重さもしっかりあるしね。こんな吹けば飛ぶような新銭じゃあ、一〇枚でも御免蒙《こうむ》りたいくらいだ。旧銭もってないの?」

とまあ、こんな調子だったろう。実際に時代が下れば下るほど、新たに発行される通貨は人々に敬遠されるようになり、導入されても早々に流通から姿を消す始末だったのである。これぞまさしく「強制通用力」の限界。権力が無理やりに偽りの足長通貨をつくろうとしても、そのようなニセ足は、人々の賢さによってたちどころに抹殺されてしまうのである。

本項の最後に、通貨発行益についてひと言だけつけくわえておこう。

通貨発行益という概念は、管理通貨制度となった今日でも、いちおうは残っている。なぜなら、一万円のお札をつくるのに一万円のコストはかからない。したがって、通貨の発行主体である日本銀行は、お札を刷れば刷るほど、帳簿上は儲かった恰好《かっこう》になる。

だが、もとより、これはあくまでも概念上の問題だ。いくら割安にお札を刷ったところで、それで日銀が現実的な意味で金持ちになるわけではない。

3 「借り物通貨」を選んだ日本人のユニークな実利主義

通貨もまた「人の褌で相撲をとる」——平清盛の合理的選択

かくして、奈良・平安のむかしの権力者たちは、安定的な通貨発行権を手に入れることに失敗した。だが、ここから先の展開がおもしろい。

皇朝十二銭の発行が途絶えたあと、しばらくは米や絹、布など生活必需品が事実上の通貨の役割を果たす時期があった。しかし、このやり方にはやはり限界がある。商取引が順調に定着し、経済活動の幅が広がっていくためには、やはりまともに足が生えている通貨の存在が欠かせない。

そこで一計を案じたのが、かの平清盛（一一一八～一一八一）だった。

平清盛が生きた平安末期においては、当時の中国の宋王朝（九六〇～一二七九）と日本とのあいだで、貿易が栄えた。いわゆる日宋貿易の時代である。清盛自身が、そのプロモーションに大いに尽力したことは周知のとおりだ。この日宋貿易の主要対象品目の一つが、宋国の通貨、いわゆる宋銭だった。

日本側の当初の輸入目的は、もっぱら素材としての銅の入手にあった。当時の銅は、前述のような経緯で「通貨の素《もと》」としての価値はすでに失っていたが、仏具の材料などとして引きつづき珍重されていたのである。

ところが、商才豊かな平清盛は、そこに銅銭としての本来の価値を再発見した。これを使ってモノの取引を牛耳ってやろう。彼はそのように考えたのである。このねらいはみごと的中し、いったんは物々交換に近い形態に逆戻りしていた日本の経済取引が、ふたたび通貨を介する取引へと切り替わっていった。

他人の通貨で経済をまわしてしまおうというのだから、たいしたものである。人の褌《ふんどし》で相撲をとるのも、ここまでくると少々神がかってくる。

だが、思えばじつに合理的な選択だ。自前の褌で通貨の土俵に上がるのは、なかなかたいへんなことである。前述のとおり、銅銭であれば、素材の銅の確保に四苦八苦しなければならない。鋳造《ちゅうぞう》のための労力も技術も必要だ。通貨発行量と銅の保有量との関係をつねに意識して、銅銭の純分をどうするか、あれこれといつも気を揉《も》んでいなければならない。

その点、借り物通貨ならラクなものだ。輸入量をしっかり確保しておけば、それ以外の手間暇は何もない。流通量は管理しなければならないが、銅山の開発、労働力の確保、貨幣鋳造など、さまざまな工程を国家が管理する必要性を考慮すると、製造管理をともなう場合にくらべれば相当にラクである。

こうして鎌倉時代には宋銭が、室町時代には中国の明（一三六八〜一六四四）の時代につくられた明銭が、日本で貨幣として流通するようになる。こうした中国銭を使うことによって経済活動の円滑化が進んだ。鎌倉時代後期には、年貢が物納から銭納にシフトしている。

聖書に見る古代ローマの肖像通貨へのこだわり

以上、古代王朝時代から武家の棟梁《とうりょう》出現にいたる歴史のなかで、日本の通貨体制がどのような歩みをたどったかを駆け足で概観した。

ここでひと息。聖書の世界に目を転じてみよう。新約聖書に、次のような場面が登場する。イエス・キリストと、彼の人気急上昇ぶりをやっかむ守旧派権力者一派とのやりとりの場面である。

彼らは、イエスに問い質《ただ》す。

「われわれがローマ皇帝に税金を納めるというのは、律法に適うやり方でしょうか。そうではないでしょうか」

この世の帝国とは別に神の国がある。そのように説くイエスはきっと、ローマ皇帝に税金を払ってはいけないと言うだろう。そうすれば、彼を反逆罪で失脚させることができる。悪者どもはそう考えた。

むろん、イエスはそのような彼らの魂胆《こんたん》をお見通し。だから、澄《す》ました顔で次のように言う。

「偽善者たち。なぜ、私を試そうとするのか。税金を納めるためのおカネを私に見せなさい」

彼らは銀貨をイエスに示す。するとさらにイエスは言う。

「そこにあるのは、だれの肖像とだれの銘か」

「それらは皇帝のものです」

そこでイエスが止めの一撃を喰らわす。

「それなら、皇帝のものは皇帝に返し、神のものは神に返しなさい」

偽善者たちは、返す言葉もなく退却する。このとき、偽善者たちがイエスに示した硬貨が、ローマ皇帝ティベリウス時代（在位一四〜三七）のデナリオン銀貨。そこには、たしかに皇帝の横顔の肖像が浮き彫りになっている。

イエス様はやっぱり賢い。シンプルな一文のなかに、真理と厭味《いやみ》と諭《さと》しとが絶妙にパッケージされている。これでは、偽善者たちはぐうの音《ね》も出るはずがない。

借り物通貨に顔はいらない

ただ、もし以上のやりとりが帝国ローマ時代のユダヤ世界ではなくて、銅銭流通期の日本で行われたものであったなら、イエスは少々言い方を変える必要がある。なぜなら、当時の日本の銭には、だれの肖像も浮き彫りになってはいなかったからである。もちろんそれでも、イエスは深き知恵と諧謔《かいぎゃく》に富んだ言葉で偽善者たちをきちんとやりこめられたことだろう。

それはそれとして、思えば、日本の通貨に人物の肖像が登場するようになったのは、明治期に入って紙幣が発行されるようになってからのことだ。宋銭などの渡来銭の時代はもとよりだが、江戸時代に入ってからも、歴代の将軍たちが自分の肖像を小判にレリーフさせることはなかった。天皇家の存在を意識すれば、そういうわけにはいかなかったということではある。だが、いずれにせよ、ローマ皇帝たちと日本の権力者たちの金銭感覚とのあいだには、どうもかなりの隔たりがあった模様だ。

コイン上のレリーフを介して、帝国ローマ時代の人々は、いかに辺境の地にいようとも、皇帝の顔立ちを少なくとも横顔に関するかぎり、よく知っていた。自分たちの支配者がだれなのか、ビジュアルイメージをともなって刷り込まれていたわけである。権力の確立手段として、なかなかよくできたやり方だ。ただ、これでは、暴れん坊将軍がお忍びスタイルで市中見聞に出かけるわけにはいかない。

このあたりのことについて思いをめぐらせはじめると、止めどなくなりそうだ。権力者の顔を通貨に彫り込もうとしない。それどころか、他人の国の通貨を勝手に流用してしまう。この日本的通貨感覚をどう受け止めたらいいのか。

じつをいえば、かつての日本人たちにはそれほどまでに、こだわりのないグローバルな開放性があったということかもしれない。通貨の本質を当初から非常によく把握していたということでもあるかもしれない。支配力の象徴としてよりも、まさに通用性という、その本源的位置づけにおいて通貨を理解していたのだといえるかもしれない。

そういえば、今日のユーロ圏周辺諸国が、勝手にユーロで取引しているというのも、一種の渡来銭型通貨体制だ。はるか歴史と海の彼方《かなた》から、平清盛や織田信長が「あいつら、俺たちの真似しやがって」と高笑いしていても不思議はない。

いち早く手形取引を生み出した日本人の金融感覚

さて、これまでは一貫して硬貨の話をしてきた。このあたりで、しばし紙の通貨の世界にも目を転じてみよう。紙の通貨といえば、紙幣がすぐ頭に浮かぶ。だが、円にいたる日本の通貨史のなかには、いわゆる紙幣ではない紙を用いた取引が早い時期に顔を出す。その一つが手形である。

手形については、ご存じのとおりだ。要は支払い誓約書である。ある時期にある金額の支払いを履行《りこう》するという約束状だ。その場で現金がやりとりされるわけではない。そのための通貨をもちあわせていなくても、取引が成立する。それが手形取引だ。

そこには一定の信頼関係が形成されていることを意味する。期日が来れば必ず支払いが履行される。それを信じて、取引相手が手形を受け取ってくれるからこそ、このキャッシュレス取引が成り立ったわけである。

これは一種の信用供与にほかならない。相互信頼に基づく支払い猶予制度である。ここまでくると、通貨の世界は金融の世界に足を踏み込んでいくことになる。こうして日本では、紙幣の導入に先立って、一足飛びに金融取引が芽生えることになったのである。

その一例が十四〜十六世紀にかけて誕生した「割符《さいふ》」制度。遠隔地間の送金・支払い手段として用いられた。やがては割符を現金化する割符屋・替銭《かえせん》屋も誕生した。支払い約束書を現金に換えるシステムが生まれたのである。かなり洗練された金融取引感覚がないと出てこない展開だ。

手形取引も一種の金融業だが、カネを融通することで利子を稼ぐ本格的な金融業も、円にいたる通貨史の概して早いタイミングから登場した。鎌倉時代から室町時代のことである。無担保方式の「借上《かしあげ》」や、質草を取る有担保方式の「土倉《どそう》」などがその起源である。

金融業は一種の魔術だ。カネがないのにカネが使える。その魔力に取りつかれて借金が膨らみ窮地に陥る人々が、鎌倉時代にも数多くいた。借金返済に窮して家財・所領を失う御家人たちも少なくなかった。やむなく幕府が徳政令を発布して、彼らの救済に乗り出す場面も見られた。カネ貸し業者を襲撃して質草を奪還するというような物騒な実力行使の記録もある。

こんな調子で、金融業の発達には、とかく揉め事や悲劇がともなう。それは、いまもむかしも変わらない。だが、通貨の世界から信用創造の世界への橋渡しが進むと、経済活動は新たな飛躍を遂げる。鎌倉・室町という時代に、それがすでに到来していたという事実は注目に値する。

4 大江戸「インフレ顚末記」

戦国大名たちの地域通貨

通貨から金融への展開も早々に見られたことを確認したところで、ふたたび通貨の発達史に話を戻そう。

鎌倉・室町の両時代を通じては、前述の渡来銭を軸とする取引が続いた。だが、室町時代も末期に近づくなかで、中国からの銭貨輸入が事実上、途絶に向かう展開となった。その背景に踏み込みはじめると長くなるので省略するが、渡来銭の供給が先細りしてしまえば、通貨体制もそれにともなって変わっていくほかなかった。

実際に、西日本では「銭遣い」、すなわち銭を通貨として用いる取引から「米遣い」、つまり米を銭代わりに使う取引への切り替えが進んだ。

この間の天下の情勢変化も、通貨の世界に影響を及ぼした。室町末期といえば、戦国時代への入り口。室町幕府の求心力が低下し、世はしだいに群雄割拠の様相を呈する展開となった。戦国大名たちのもとで、それぞれの領地が自己完結的な経済空間と化していく。

そうなればなるほど、彼らは自分たちの自由になる通貨を必要とするようになった。領国の経済をまわしていくにしても、戦闘を通じて確保した新たな領土を経営していくにしても、カネがなければ、なんとも万事がやりにくい。領民たちの暮らしがスムーズに立ち行くためにも、それこそ「天下の通用」がないのはなんとも不便だ。

さりとて、渡来銭をアテにすることはもはやできない。米遣いにも限界がある。やっぱり不便だ。そんな状況に直面するなかで、戦国武将たちは、しだいに独自通貨の開発に乗り出していくことになる。必要は発明の母だ。

こうした成り行きで生まれたのが「領国貨幣」。その代表例が「石州銀」と「甲州金」である。石州銀はご存じ、石見《いわみ》銀山から産出された銀を用いてつくられた。「甲州金」は武田信玄の指揮下で生まれた。この「甲州金」に関しては「両」「分」「朱」という単位を用いた四進法の通貨制度が考案された。「両・分・朱」は、そのまま江戸時代の金貨の単位として引き継がれることになる。

ほかの戦国大名たちも、それぞれの領地でさまざまな領国貨幣を生み出していった。中世末期版の地域通貨体制である。短いながら、立派に足の生えた地域通貨群の出現であった。すでに見たとおり、九五八年発行の乾元大宝を最後に、国内で鋳造された通貨は日本から姿を消していたのであるが、これら領国貨幣の誕生によって、地域限定ながら、国産通貨が日本で再デビューすることとなったわけである。

六百年ぶりの自前統一通貨

豊臣秀吉による天下統一をもって、戦国武将たちによる勢力争いの時代が終わった。それと同時に、通貨の世界においても、地域限定短足通貨たちの群雄割拠はひとまず後景に退き、世は統一的な通貨体制の形成に向かって動き出すこととなった。

その端緒《たんしょ》となったのが、豊臣政権による「天正大判」や「天正通宝」の導入である。天正大判は金貨であり、天正通宝は金銭・銀銭であった。天正大判が発行されたのが一五八八（天正十六）年のことである。乾元大宝が世に送り出されて以来じつに六百三十年を経て、ようやく、それなりに幅広い通用性をもった国産足長通貨が登場したのである。

もっとも、その後、江戸時代に入って幕藩体制が確立していくなかでも、各大名領国内では藩札などの地域限定短足通貨の使用が容認されていた。その意味で、近世日本の通貨体制は、決して全国統一的な単一通貨体制だったとはいえない。いまでこそ、われわれは一国一通貨体制を当たり前だと思っている。だが、あの当時は、天下統一がなったといえども、通貨面ではいわば天下共通通貨と大名たちの御国限定諸通貨が並行流通するスタイルをとっていたのである。

これは、われわれにとっても大いに示唆に富む。一国一通貨体制がすべてではない。そうでなければいけないわけではない。国境なきグローバル時代となって、国民経済という単位の「天下」は、どうも存在感が希薄化し、人々へのサービス提供能力が低下している。このような実情には、ひょっとすると幕藩体制下に近い「全国共通足長通貨＋地域限定短足通貨群」型の通貨体制がふさわしいのかもしれない。

江戸時代への入り口から突然、二十一世紀に思いがワープしてしまってはいけない。ただ、じつをいえば、ＰＨＰビジネス新書から刊行させていただいた前著で、筆者はこれからの通貨的あり方とのかかわりで、まさに、この全国共通足長通貨と地域限定短足通貨群の併存体制に言及していた。

その意味で、いまあらためて近世の通貨体制のなかに、その雛型《ひながた》を発見するに及んで、軽いワクワク感を味わっている。だが、これはなんとも手前味噌な興奮の仕方だ。はしたないこと夥《おびただ》しい。先に進もう。

豊臣時代に始まった統一的通貨体制づくりの試みは、徳川時代に入って本格化した。その完成形が「三貨制度」である。三貨とは金貨・銀貨・銭貨の三つの通貨形態を指す。

金貨（小判・一分金など）は、額面を表記したいわゆる計数通貨。銭貨も、一枚一文の計数通貨であった。これに対して、銀貨（丁銀《ちょうぎん》・豆板銀）は重さで価値を測る秤量《ひょうりょう》通貨扱いとされた。金貨の計算単位として甲州金の「両・分・朱」が採用されたことは前述のとおり。四朱が一分、四分が一両の四進法であった。江戸幕府のもとで発行された銭貨が「寛永通宝」である。先にご登場願った銭形平次親分の武器がこれだった。

なお「東の金遣い、西の銀遣い」という言葉がある。読んで字のごとし。江戸をはじめとした東日本では金貨が使われることが多く、大坂を中心とした西日本では銀貨が多く使われた。形式主義の武家社会だった東国では金の輝きが好まれて、したたかな商人文化の西国では銀の確かさが好まれたのか。そうも思いたくなるが、これはもっぱら産地の問題だ。西は銀がよく採れ、東には金の産地が多かった。要はそういうことである。

「三貨」をお手玉していた江戸庶民たち――円・ドル・ユーロもきっとへいちゃら

江戸の三貨制度は、なかなか複雑怪奇なものだった。なにしろ三種類の通貨が並行流通していて、それぞれに異なる価値の体系をもっていたのである。いまふうに言うならば、一国内で円・ドル・ユーロの三通貨が使われているようなものである。

ドル建てで二ドル三〇セントの買い物をした人に、ユーロ建てでお釣りをあげるとする。いったい何ユーロ何セント返せばいいのか……。ドル建てで値段がついている商品を、円とユーロの組み合わせで購入したがる人だって出てくる。いったい何円と何ユーロをもらい受けたら帳尻が合うのか……。円でタクシー代は払うけど、お釣りはユーロで頂戴ね。こんなことを言われたら、いまのわれわれは、たちどころにどうしたらいいかわからなくなるだろう。そんな日常を、江戸のみなさんは涼しい顔でしのいでいたのである。

もっとも、高額な商品について、小口現金で支払うことはあまりなかったようだから、通貨的錯綜もそれなりに限定されていたのかもしれない。

だが、それにしても、金貨と銭貨は計数通貨なのに銀貨は秤量通貨だし、金貨や銀貨の質も発行時によって決して一定ではなかった。前出の古代の旧銭と新銭と同じことである。金・銀の含有量が発行時によって異なっていた。それを勘案した交換レートはいったいどのように設定したらいいのか。めまいがする。

こうした三貨を交換してくれる存在として登場したのが「両替商」である。もっとも有名な両替商といえば、三井高利（一六二二〜九四）の越後屋だろう。呉服店だけでなく金融業を兼営していた。大名領主に金銀を高利で貸し付ける「大名貸」をはじめとして、三貨の両替を行うなど金融業でも大いに栄えた。三貨という複雑な制度があったからこそ、手間のかかる両替で手数料を取る商売が成り立ったわけである。

思えば、江戸落語の世界にも、さまざまなかたちでおカネが顔を出す。

古道具屋の親父が一分で買った太鼓を、なんと三〇〇両でお武家様にお買い上げいただく。この親父には、三〇〇両という金額がにわかにはイメージできない。「小判で三〇〇両を支払ってやるがどうだ」と言われて、ぼーっとしながら「それで結構です」と答える（「火焔太鼓」）。

だがここで、もし彼が「銀貨でください」と言ったら、お武家のご家老はいったいどれほどの額の銀貨を用意することになったのか。きっとあわてて両替商を呼んで計算してもらわなければならなかったにちがいない。

アルコール依存症の魚屋さんが、波打ち際で革の財布を釣り上げる。中身を見れば、二分金ばかりで計五〇両入っている（「芝浜」）。大金持ちのふりをして無銭飲食を試みる一文無しが、なけなしの一分をはたいて富くじを買うはめになる。買った富くじが大当たりで、彼の懐に一〇〇〇両のカネが転がり込む（「宿屋の富」）。

長屋きっての暴れん坊の熊さんは、ケンカっぱやくて仕方がない。だが、みんなといっしょに旅行に連れていってもらいたいから、行く先で絶対ケンカはいたしませんと約束する。口約束ではダメだというので、腹を立てた場合の罰金が二分、ケンカをしたら丸坊主と設定される。そこでつく噺家の師匠の注釈によれば、その当時は一分二朱もあれば所帯がもてたそうである（「大山詣り」）。

結婚資金として充分な金額が一分二朱という時代に、腹立ち禁止令を破った罰金が二分とは恐れ入る。

知恵者か悪党か——荻原マジックの結末

混乱の戦国時代から平和な江戸時代を迎えると、各地の街道が整備され、全国の結びつきが強くなっていった。これにともなって経済の規模も大きくなり、より多くの通貨が必要になった。

しかし金貨・銀貨を鋳造するためには、鉱山から資源を採掘しなければならない。採掘量の制約もあれば、コストの問題もある。江戸時代も初期にくらべ、新たな鉱山の開発が進まなくなっていった。

のちの時代に登場する金本位制がまさに同じ問題を抱えることになるのだが、金銀の採掘量によって経済規模が規定されてしまうというのは、いかにも窮屈だ。さらに幕府は慢性的な財政問題を抱えていた。そこで経済の発展とともに、江戸幕府は金銀の質を下げた改鋳をことあるごとに実施するようになった。皇朝十二銭のときと同じやり方である。

はじめて改鋳が行われたのは一六九五年の「元禄の改鋳」である。金貨の小判と一分判は八七パーセントの純分率から五七パーセントに、銀貨である丁銀、豆板銀は八〇パーセントの純分率から六四パーセントに落とされた。前にも出てきた「純分」とは、ここでは金貨や銀貨に含まれている純金・純銀の量である。それを下げるということは、質を落とすことにほかならない。

質を落とせば、そのぶん貨幣の発行量を増やすことができる。単純に考えれば、いままで五七枚しかつくれなかった金の量で、八七枚の小判をつくることができるようになる。約一・五倍である。

当然、幕府の財政事情はよくなる。実際に幕府は多額の改鋳差益を得た。これもまた、皇朝十二銭のときと同じである。

そして、これまた同様に、通貨価値の劣化はインフレを招いた。しかも、奈良・平安のむかしと違って、今回は通貨の発行量を増やすことが目的だったから、インフレ圧力はいやがうえにも高まることとなった。こうして元禄の庶民は、激しい物価高騰に苦しむことになったのである。

さて、ここでぜひ、みなさんにご紹介申し上げたい人物がいる。その人の名は荻原重秀《しげひで》(一六五八〜一七一三)。元禄の世に勘定奉行を務めた。元禄の改鋳を敢行した張本人である。その効力に味を占めて、彼はその後も第二次通貨改悪を実施している。その意味で、相当にけしからん人物ではある。

だが、その一方で、通貨というものの本性をじつによく見抜いた慧眼《けいがん》の人でもある。だからこそ、通貨価値を大幅に劣化させる改鋳を仕組む悪知恵もはたらいたのだといえるだろう。そうした彼の賢者と悪者の二つの側面が、次の彼の発言にものの見事に凝縮されている。

「貨幣は国家が造る所、瓦礫《がれき》を以ってこれに代えるといえども、まさに行うべし。今、鋳するところの銅銭、悪薄といえどもなお、紙鈔に勝る。これ遂行すべし」

たとえ瓦礫であろうと、通用すればカネはカネだというわけだ。驚くべき卓見と言っていいだろう。

だが、「貨幣は国家が造る所」のくだりには、いかにも権力者らしい発想が顔を出している。ここに見られるのも、やはり「強制通用力」の概念だ。

カネは通用すれば瓦礫でもいい。だが、瓦礫がカネとなるためには、そこに「メイド・バイ幕府」のラベルが必要だ。通貨の足の長さは幕府が決める。幕府の権勢こそ、通貨価値の源泉だ——そのように傲然《ごうぜん》と言い放っているわけだ。なかなかの自信のほどである。

彼がいまのギリシアやスペインの体たらくを見たら何と言うだろう。それればかりではない。今日の日本国政府のありさまを知れば、どれほどの衝撃を受けるか。

今日の円は、本来ならば、債権大国の通貨として大いに足長ぶりを誇って然るべき位置づけにある。ところが、その製造元である国家の借金があまりにも膨大であるために、いつ瓦礫と化してもおかしくはない状況に追い込まれている。瓦礫を通貨たらしめる神通力は、じつをいえば、通貨を瓦礫たらしめる悪魔的破壊力にも通じる。そのありさまを目の当たりにしたとき、お奉行様は何とおっしゃるのであろうか。

もっとも、悪巧みも得意なスーパー勘定奉行は、強制通用力の神通力が裏を返せば悪魔的破壊力であることを重々ご存じだったかもしれない。おそらくそうなのだろう。そうであればこそ、あえて「貨幣製造装置」としての国家の不動ぶりを誇示しておきたかった。そう推察される。

後段のくだりがまたいい。「今、鋳するところの銅銭、悪薄といえどもなお、紙鈔に勝る」ときたものである。銅銭の「悪薄」化を進めていることを、正面きって認めている。そして、それでもなお、紙よりはマシだろうと開きなおっている。

それはそうだ。瓦礫だって「メイド・バイ幕府」のお墨つきがついていればいいのである。それなら多少「悪薄」になっていても、銅銭なら立派すぎるくらいのものだ。文句あるか。やってしまえ。そういうわけだ。すごいおじさんである。

この人を当代きっての知恵者と見るか、近来まれに見る悪党と見るか。評価は大いに分かれているようだ。

だが、人柄的には、どうもかなりブラックな人物ではあったらしい。莫大な賄賂《わいろ》を受け取っていたという史実がある。庶民の生活を大いに混迷・困窮させたことも間違いなかった。これらのことがあいまって、彼は結局、新井白石（一六五七〜一七二五）によって糾《きゅう》弾《だん》され、失脚する仕儀《しぎ》とあいなった。驕《おご》れる荻原久しからず。

〝タコ抜きタコ焼き〟時代が早くも到来

荻原を糾弾し、幕府に対して力をもつようになった新井白石は、当時の通貨的混乱を収拾するため、荻原とは正反対の政策を提言した。金貨・銀貨の品位を上げることである。一七一四年に現行通貨の品位を家康時代の慶長金銀と同じ水準に戻す「正徳《しょうとく》の改鋳」が行われた。

当然、品位を上げれば、幕府の鋳造コストは上がり財政は悪化する。しかし、良貨に戻すことで通貨に対する信頼を取り戻すことができれば、経済は安定する。何はともあれ、それが最優先課題だ。それが新井白石の考え方であった。

ところが、この目論みは残念ながらアテがはずれた。貨幣量の減少にともなって経済活動が一転して停滞し、深いデフレの淵に転落してしまったのである。すでに亡き人となっていたブラック荻原が、さぞや草場の陰でリベンジ感に浸《ひた》ったことだろう。

一七三六年の「元文の改鋳」では金貨・銀貨の品位がふたたび引き下げられた。その後、数十年のあいだは、おおむね安定した経済状態が続いたが、一八〇〇年代に入ると、またしてもインフレ化の傾向が見えはじめる。そのなかで、一八一八年には「文政の改鋳」、そして一八三二年には「天保《てんぽう》の改鋳」が行われた。インフレ傾向にあったにもかかわらず、いずれも品位劣化へと向かう改鋳だった。財政難から、なんとかもがき出ようとしてのことである。その結果、インフレはますます昂進《こうしん》することとなった。

通貨価値を低下させることで、債務負担の軽減を図る。まったく、これは何世紀のことかわからなくなる。

一八三五年に発行された「天保通宝」にいたっては、かつての「寛永通宝」であれば五文半程度に相当する原料で、なんと一〇〇文ぶんをひねり出してしまった。タコがほとんど入っていないタコ焼き。肉がほとんど乗っていない牛丼。そんな感じである。

幕府の通貨管理政策も、ここまで地に落ちれば、もはや論評のしようがない。明治維新がもうそこまで迫っていたときである。徳川三百年の安泰も、その経済基盤が通貨という要《かなめ》の部分から朽《く》ち果てつつあったということだ。

通貨の価値を維持しようと思えば、経済活動が停滞する。経済活動を盛り上げようとして通貨の量を増やせば、インフレになる。あちらを立てればこちらが立たず。これは、経済を運営するうえでの永遠のジレンマだ。

通貨の価値か、通貨の量か。

成長か、健全財政か。

じつに今日的な相克問題である。

第3章

信用できる通貨に向かって

1 黒船に押しつけられた最大の不平等

日本経済初の「内外均衡相克問題」

前章では、古代から江戸末期にいたる日本の通貨史を駆け足で見た。並大抵《なみたいてい》の駆け足ではなかったので、少々めまいを覚えている読者もおいでになるかもしれない。申し訳ないかぎりだ。

もとより、もっと立ち止まって吟味《ぎんみ》し、思いをめぐらすべきポイントが多々あったと思う。だが、それらについては、いずれも優れた研究書が数多く出版されていること間違いなしだ。ご関心のある向きは、ぜひそれらのなかで成り行きや背景をご確認いただけたらと思う。円との恋路をたどるわれらは、先を急がなければならない。

なにしろ、円との恋路でありながら、ここまではまだ、肝心のパートナー抜きで旅をしてきているのである。あと一歩で、出会いの宿場にたどりつく。

前章では、新時代がチラホラと地平線上に見え隠れしはじめたところまで話が進んでいた。本章は、一八五三年の黒船来航からほんの少し時がたったあたりから旅を再開するとしよう。

閉ざされていた国を外に向かって開くと、さまざまな変化が起きる。食生活が変わる。飲む酒が変わる。服装が変わる。生活習慣が変わる。巷《ちまた》を外国人が行き交うようになる。人々が読む本の種類が増える。会話の中身が多様化する。政治が変わる。そして、経済も変わる。

閉ざされた経済と開かれた経済は、どこが違うか。大きな違いが一つある。それは、開かれた経済には、閉ざされた経済にはない悩みがつねにつきまとうということだ。

その悩みとはいかなるものか。内外均衡の相克《そうこく》問題である。外との関係をバランスよくとろうとすると、内なるバランスが崩れてしまう。内なるバランスを優先させると、外との関係がおかしくなる。あちらを立てれば、こちらが立たない。こちらを大事にすれば、あちらをないがしろにすることになる。この関係のお手玉がじつに難しい。

内にこもって外と没交渉なら、このお手玉は必要ない。その意味で、鎖国は気楽だった。だが、いざ開国となれば、ぼーっとしてはいられない。内外両にらみの気配り力が必要になってくる。

開国ニッポンは、いつどのようなかたちで内外均衡相克問題の洗礼を受けたのか。いみじくも、それは通貨の世界においてのことだった。ここからは、その顚末《てんまつ》を見ていきたい。

少々時間を要する。ほんの少し七面倒くさくもある。だが、日本経済発の内外均衡相克体験をご実感いただくためには、この間の経緯をある程度、丹念に追っていく必要があると思う。ご容赦いただければ幸いである。

「同種同量の原則」に泣いた日本

日本の通貨を、外国の通貨とどのような比率で交換するか。開国とともに、日本ははじめてこの問題と本格的に遭遇したのである。

ここで、アメリカが難題を吹っかけてきた。アメリカの銀貨と日本の銀貨を交換するにあたっては、「同種同量の原則」を適用すべしと主張したのであった。

同種同量とは、要するに、銀貨という同じ種類の通貨であれば、たとえ銀の含有量が大きく異なっても、重さを基準に交換比率を決めるという考え方である。

タコ焼きで考えてみよう。

メイド・イン・ジャパンのタコ焼きとメイド・イン・アメリカのタコ焼きをくらべたとき、日本のタコ焼きにはタコがしっかりどっしり入っていて、アメリカのタコ焼きには砂粒くらいしかタコが入っていなかったとする。それでも、アメリカのほうが重い粉なものだから、タコぎっしりの日本のタコ焼きも、ほとんどタコレスのアメリカのタコ焼きも、重さはまったく等しかったとする。この場合には、タコの含有量如何《いかん》にかかわらず、日本のタコ焼き一個＝アメリカのタコ焼き一個と見なす。これが「同種同量の原則」だ。

どう考えても、これは理不尽である。だが、外国との駆け引きに慣れていない日本は、これで押しきられてしまった。その結果、「洋銀」すなわちドル銀貨一枚は日本の一分銀三枚に相当するという関係が成立してしまったのである。

品位つまり銀の含有量から見れば、洋銀1ドル＝一分銀一枚が妥当なところだった。実際、当初はアメリカ側もこの交換比率でいこうとしていた。ところが、これにアメリカ初代駐日総領事のハリスが異を唱えて、「同種同量の原則」で押しきってしまう。かくして、日本の対外関係は、関税自主権や治外法権などという問題のみならず、通貨関係においても、きわめて不平等なかたちでスタートを切ることになった。

しかも、問題はそれだけではなかった。「同種同量」は銀貨どうしの関係を日米間でどう設定するかというところに端を発する課題だった。これに加えて、日米双方の国内で金と銀との関係がどうなっているかということも、また別の問題を引き起こすことになったのである。

それというのも、金が概して豊富だった当時の日本においては、おおむね金一グラム＝銀五グラムが金銀間の交換比率だった。ところがアメリカでは、これが金一グラム＝銀一五グラムという関係になっていたのである。「同種同量」の場合とは違って、これは別段アメリカの陰謀ではなかった。世界的に見て、これが世間相場だったのである。

金を豊かにもっている日本が、もっと早く開国していれば、この金相場はかなり値下がりしていたはずだ。マルコ・ポーロさんの「黄金のジパング」のイメージも、このあたりからきていたのだろう。

開国当初の日本に、もう少し視野の広さと押しの強さがあれば、金保有量の大きさをテコに、ひょっとすると当時の世界の基軸通貨国になれたかもしれない。世間が狭いと、こんなところで思わぬ機会損失を被《こうむ》る。やっぱり視野は広くないといけない。

それはともかく、内外におけるこの金銀交換比率の乖離《かいり》と、「同種同量の原則」があいまって、大問題が発生することになった。日本国外への小判の大量流出という現象だ。なぜ、そのようなことになったのか。カラクリは次のとおりだ。

洋銀1ドル＝一分銀三枚の設定に基づいて、アメリカ（あるいは、その他の洋銀保有国）が、たとえば洋銀4ドルを一分銀一二枚に交換する。一分銀一二枚は日本国内において小判三枚に両替できる。一分銀と小判との交換比率が小判一枚＝一分銀四枚と設定されていたからである。この設定は、前章で見た三貨体制確立時の四進法に基づいている。すなわち、一分＝四朱で小判一枚＝四分の関係である。

ここで、当時における「天保小判」の金含有量からして、金一グラム＝銀一五グラムの国際相場のもとでは、小判一枚が洋銀4ドルに相当したとしよう。すると、小判三枚を手に入れた外国勢はこの小判を洋銀に換えることで、洋銀12ドルを確保できる。

この一連の取引の当初において、外国勢が投じた資金は洋銀4ドルだった。4ドルの投資で12ドルを手に入れることができたわけである。とてつもなく収益性の高い取引だ。

これに外国勢が気づいてしまえば、彼らがどんどん小判を海外にもちだしはじめるのも当然だ。これが続けば、黄金のジパングも瞬《また》く間に金欠のジパングと化してしまう。日本にとって、じつに危機的な事態であった。

銀貨の品位向上から金貨の品位劣化へ

じつをいえば、こうなることを日本側もある程度、事前に懸念《けねん》してはいた。そこはさすがに、早くから信用の概念や管理通貨制の原理を把握していた人々である。それほどウブでも通貨オンチでもなかったのである。

小判の大量流出を心配した当時の江戸幕府は、いよいよ開港となる前日に動いた。既存の「天保一分銀」よりも銀含有量の多い「安政二朱銀」なるものを発行したのだ。そして、この二朱銀二枚と洋銀1ドルとの等価交換をアメリカ側にもちかけたのである。

そのねらいは、すぐにおわかりいただけるとおり。前述の四進法にしたがえば、二朱銀二枚は四朱だから、一分に相当する。つまり、この二朱銀二枚を介して、結局は洋銀1ドル＝一分の関係が成り立つ。これであれば、先の4ドルで12ドルを稼ぎ出すカラクリは成り立たなくなる。1ドル＝一分であれば、4ドルで入手できる一分銀は四枚だ。これは小判一枚に相当する。この一枚の小判を海外にもちだして洋銀に換えても、先の計算でいけば、結局のところ洋銀4ドルしか手に入らない。これでは元の木阿弥《もくあみ》。意味がない。したがって、小判の流出も起こらない。

幕府側としては、洋銀1ドルで手に入る銀の純分を天保一分銀の場合よりも増やして、アメリカ側が安政二朱銀二枚との交換に応じることを期待したわけである。

だが、この思惑はアメリカ側の「同種同量」作戦によってあえなく打ち砕かれた。このやり方での金貨流出の阻止は計画倒れに終わった。そしてついに、日本からの金の大量流出が始まってしまった。

そこでやむなく、日本側は金貨そのものの品位の劣化改定に踏みきった。これが世に言う「万延《まんえん》の改鋳」である。一八六〇(万延元)年、幕府は、金の含有量を従来の三分の一に落とした金貨を発行した。金貨の形態は「万延小判」と「万延二分金」の二つであった。実際には、もっぱら万延二分金が使われるようになっていった。

いずれにせよ、日本の金貨の価値が従来の三分の一になってしまえば、その日本金貨を外国勢が銀貨に交換しても、特段の儲けになるわけではない。先の洋銀4ドルで一分銀一二枚を獲得し、それを万延小判三枚なり、万延二分金六枚なりに交換しても、これらの日本金貨一枚ずつの品位が三分の一に低下しているのであるから、これらをもとに手に入れることのできる洋銀も、天保小判三枚の場合の三分の一、つまりは4ドルとなる。やっぱり元の木阿弥。意味がない。

こうして、アメリカの日本金貨獲得作戦は収束する。

外で笑って内で泣く

安政二朱銀の場合には、銀貨の品位を上げることで金の国外流出を阻止しようとした。これに対して、万延小判と万延二分金の場合には、金貨の品位を下げることで同じ金流出阻止の効果をあげようとしたわけである。前者はアメリカの抵抗にあって挫折。だが、後者は金の流出を防ぐことに成功した。日本は、銀貨の品位引き上げで確保しようとした成果を、金貨の品位引き下げによって手に入れたのであった。

こうしてみれば、銀貨の品位向上も金貨の品位劣化も結果は同じ。それならば最初から、アメリカ側が拒絶しそうな新銀貨と洋銀との交換レート設定など試みず、新金貨の導入でいけばよさそうなものである。なぜ、幕府はそれをしなかったのか。

ここで、本項の冒頭でもちだした内外均衡の相克というテーマを思い出していただきたい。ここまで洋銀と日本の通貨の交換レート問題を延々と語ってきたことで、ようやく話をこのテーマに戻せる。

銀貨の品位向上も金貨の品位劣化も、たしかに金の流出阻止という対外的な効果は同じだ。だが、対内的、すなわち日本国内の経済に及ぼす影響は、両者のあいだに大きな違いがある。

ここまでくれば、すぐにおわかりいただけるだろう。金属通貨の品位を劣化させることは、確実にインフレにつながる。従来の通貨にくらべて三分の一の価値しかない金貨を流通させれば、モノの値段は三倍になる。当然の成り行きだ。

実際、この間の日本では、万延二分金が大量に出まわり、物価上昇がひどかった。対外的に金流出阻止という成果をあげるために、国内的な経済均衡を犠牲にすることとなったわけである。かくして、日本経済初の内外均衡の相克は、「外向き〇、内向き×」の結果に終わったのであった。

幕府としても、金貨の劣化がインフレを招くとわかっていたから、なんとか銀貨の高品位化で逃げきろうとしたのだろう。

それに対するアメリカの圧力を、なぜ幕府ははねのけられなかったのか。国内の政治情勢が急を告げていて、打倒幕府派に対抗する都合上、外国人たちのサポートが欲しかった。そんなところかと推察する。政治と経済がこんなふうに絡み合うなかで、日本の近代史は幕開けへと向かった。

2 紙幣はなぜ信用できるのか

丸顔通貨「円」、ついに登場

一八六八年、明治維新で日本の国家体制が抜本的に変わった。万延元年の改鋳騒動から八年の時が経過していた。新時代を迎えるとともに、日本の通貨体制も大きく変貌することになったのである。

そして、ついにここで、われわれは円とめぐり会う。待望のご対面の場面だ。ここから先は、ようやくパートナーありの状態で恋路を歩んでいくことができる。

一八七一年、明治政府は新貨条例を制定し、欧米列強に倣《なら》った近代的通貨制度の確立をめざした。

ここにいたる幕末から維新までの過程で、日本の通貨事情は大いに混迷した。話が前後することになってしまうが、その間の顛末については、円の成り立ちにかかわりの深い側面を中心に後述することとしたい。何はともあれ、まずは、ようやく出会えた円に注目しよう。

その通貨的特性はどのようなものであったのか。誕生当初において、円はどれほどの長さの足を有していたのか。その後の展開で、円の足はどのような発育過程をたどったのか。そのあたりを見ていこう。

この作業を進めるにあたっては、カギを握るいくつかの言葉がある。「金本位制」「紙幣」「銀行」、そして「戦争」である。以下では、これらのキーワードに着目しつつ、円がたどった足取りを追跡していくこととしたい。

そこに踏み込んでいく一歩手前で、円はなぜ「円」なのかという点について、ほんの少し思いをめぐらせておこう。

端的にいって、円がなぜ「円」なのかについて、決定打といえる答えはない。円という名称がいかなる経緯を通じて誕生したかについては、諸説あって定説がないようなのである。

従来の金の小判や銀貨のように楕円《だえん》形や長方形ではなく、丸いコインの形を採用したから「円」となったのか。当時、貿易に広く使われていたメキシコ・ドルが「洋円」と呼ばれていた。それに準じて「円」になったという説もある。「洋円」に対して「日本円」というわけだ。

あるいは、銀貨のモデルとなった香港銀貨に「圓」（円）と印字されていたから、それに倣って「円」にしたとも言われる。

いずれにせよ、決め手に欠けるようだ。

じつは、明治政府が円満な時代の到来を願い、万事、丸く収まることを念じて、その思いを新時代の新通貨に託したネーミングだったのかもしれない。

もっとも、明治期の日本を担ったヒーローたちの顔ぶれを想起すると、どうも、そのようなほのぼのとした思いに駆られたとは考えにくい。むしろ、欧米風のコインに逆らって、しっかり角が立って、角張っている「額」スタイルの通貨を打ち出したがりそうなものである。その発想でいけば、日本の通貨は「円」ではなくて「角」（カク）と呼ばれることになったかもしれない。

そうなっていればおもしろかったのに。そんなふうにも思えてしまうが、これはまったくの蛇足である。

名ばかり金本位制からの出発――十円紙幣は十円にあらず

新通貨、円の価値基準は金に置かれた。いわゆる「金本位制」である。なぜ、金本位制を採用したのか。当時の列強が軒並み金本位制を敷いていたからである。

一八七〇年代といえば、大英帝国の権勢華やかなりし時期である。当時のイギリスは、世界の金融センターであり工場でもあった。世界がイギリスを軸にまわっていた。パックス・ブリタニカ真っ盛りの時代だ。そのイギリスが金本位制をとっていた。したがって、おのずと日本も金本位の通貨体制をめざすこととなったのである。

明治日本の通貨体系は、一・五グラムの純分をもつ一円金貨を軸に構成された。このように金貨そのものを軸とする金本位制を「金正貨本位制」と言う。金本位制には、このほかに「金地金本位制」と「金為替本位制」がある。金正貨本位制が金本位制のもっとも初期の形態だ。日本の金本位制は、まずはここから始まった。

通貨単位としては、円のほかに「銭」と「厘」が設定されて、一円＝一〇〇銭＝一〇〇〇厘と定められた。江戸時代の四進法を改めて、十進法を採用したわけである。円金貨には一円をはじめとして、二円、五円、十円、二十円の五種類があった。補助貨として銀貨が五十銭、二十銭、十銭、五銭の四種類。銅貨も一銭、半銭、一厘の三種類を用意した。なお、これらの新硬貨群に加えて、この時期には紙幣も発行されている。政府が発行元となる政府紙幣だ。銀行券ではない。そもそも、この時点ではまだ銀行制度が発足していなかったのである。銀行制度の設立経緯についても後述する。

ここで留意しておかなければいけないのは、当時の政府紙幣に金貨との交換性がなかったことだ。兌換《だかん》紙幣ではなかったのである。券面に「十円」などと刷り込まれていても、その紙幣と引き換えにお役所が十円金貨を手渡してくれるわけではなかった。

その意味で、当時の金本位制は金正貨を設けていたというかぎりにおける金本位制だった。通貨体系が全体として金に裏打ちされていたとは言いがたい。いわば〝名ばかり金本位制〟であった。これが本格的な金本位制に発展するまでには、なおしばらく時間を要した。そのときが到来したのは、十九世紀もすっかり終わりに近づいた時期である。この点についても後述する。

明治政府としては、できればみずから発行する紙幣を当初から兌換券にしたかった。それはそうだろう。いつでも応分の金貨と取り換えてあげます。そのように胸を張って紙幣を発行することができれば、円という通貨に大いに箔《はく》がつく。それこそ、黄金のジパング大復活である。

だが、明治政府のお家の事情がそれを許さなかった。当時の日本には、それほどの金の在庫がなかったのである。金はおろか、補助貨に用いた銀についても、在庫事情はさほどゆとりのあるものではなかった。金正貨本位主義を打ち出しながら、そのじつ金も銀も出し惜しみ。それでも、なんとか近代国家の確立に向けて進もうとしていたのである。そのやりくり算段のつらさ、厳しさは推して知るべしだ。

王様が裸でいいときと悪いとき

政府紙幣を話題にしたところで、紙幣というものそれ自体の性格について少し整理しておくとよさそうだ。

前述のとおり、円の発育過程を追跡するにあたっては、一に金本位制、二に紙幣、三に銀行、そして四に戦争がキーワードだと考えられる。第一のキーワードである「金本位制」については、まずは名ばかりの状態から円の歩みが始まったことを確認した。ここから、円がどう本格的な金本位制への道を歩んだかを見ていくには、第二の「紙幣」というキーワードに焦点を当てることがどうも役に立ちそうだ。そのようなわけで、ここからしばし、紙幣というテーマに紙幅を割かせていただきたい。

紙幣には、大別して兌換紙幣と不換紙幣がある。

兌換紙幣は、その価値を裏打ちしている「本位貨」との交換性が保証されている。金本位制なら金貨が交換対象であり、銀本位制なら交換対象は銀貨である。これが出発点だった。

やがて、金貨や銀貨が製造されない時代になると、兌換紙幣の価値は硬貨ではなくて、一定量の金属地金との交換性によって裏打ちされるようになった。たとえば、戦後のブレトン・ウッズ体制のもとでは、35ドルのドル紙幣をアメリカにもちこんで金との交換を要求すれば、一オンスの金を手に入れることができた。これが前述の「金地金本位制」である。

ちなみに、この体制下で三六〇円をアメリカの通貨当局にもちこめば、見返りに米ドル1ドルを支払ってもらえた。ただし、そうではなくて、ドルはいらないから、その代わりに1ドルぶんの金をよこせと言っても、それは断られてしまう。金と交換可能なのは、あくまでもドルのみであった。ほかの通貨は「金為替」、すなわち金と交換可能な通貨であるドルとの交換を保証されていたにすぎない。これが「金為替本位制」である。

不換紙幣は、読んで字のごとく、何物とも交換性がない。その価値を裏打ちしているのは、その紙切れに人々が託す信頼でしかない。信用されるか否かが決め手。究極の信用通貨である。

ただし、ここで注意を要する点が一つある。それは、不換紙幣には、じつは二種類のタイプがあるということだ。その一が「ホントは裸の王様紙幣」。そして、その二が「ホントに裸でもすてきな王様紙幣」である。

タイプ一の「ホントは裸の王様紙幣」から見てみよう。

明治政府が発行した前述の政府紙幣が、その典型だといえるだろう。額面は十円だが、十円金貨との交換性はない。そのかぎりでは無価値だ。したがって、裸の王様である。だれかに「あ、あの王様ハダカじゃない」と言われてしまえばおしまいである。

十円と書いてあるから、十円金貨と取り換えてください。だれかにそう要求され、それはできませんと言わざるをえなかったとき、王様はじつは全裸だという事実が、それこそ赤裸々になってしまう。じつに危うい身の上である。そして、基本的にいかがわしい代物《しろもの》でもある。政府紙幣とは結局のところ、踏み倒すことが前提になっている借金のようなものだ。永遠に精算されることのない請求書。決して履行されることのない支払い約束書。政府紙幣とは、そのような性格のものだ。

ただし、「ホントは裸の王様紙幣」にも、存外に生命力がある。なぜなら、ひとたび、この紙幣で支払いを受けてしまった人、その紙幣がたくさん手元にたまってしまった人にとっては、王様がホントは裸であることが判明しては困るからである。だれもが、この王様は金貨と同じ輝きの立派な衣をまとっていると信じているかぎり、より正確には、そう信じているふりをだれもがしつづけているかぎり、「ホントは裸の王様紙幣」も立派に資産価値をもち、支払い手段としても使うことができる。

こうして人々が「王様は決して裸ではない」という集団的自己催眠状態を維持しているかぎりにおいて、「ホントは裸の王様紙幣」も、その地位はけっこう安泰なのである。だが、これはもとより薄氷を踏む安泰だ。だれかが自己催眠から目覚めて、よく通る大きな声で「あ、王様がハダカ！」と叫んだら一巻の終わりである。

タイプ二の「ホントに裸でもすてきな王様紙幣」とは何か。それが今日の銀行券である。はじめから不換紙幣であることが公然と宣言されている。だれもが、この王様が裸であることを百も承知。その一糸まとわぬ姿を、だれもが受け入れている。金銀のきらびやかな衣装など、いっさいまとっていない。だが、その紙幣の通貨性をだれも疑わない。ヌードがきれいな紙幣である。

その美しさはどこからくるのか。ここにこそ、真の信用がある。人が人を信じて疑わない。この人間的絆が銀行券のすてきな裸を支えているのである。

日本銀行が発行する日本銀行券は、その価値が揺るがない。一万円には、つねに一万円の価値がある。日銀券が日銀券であるかぎり、その価値が暴落するようなことを日銀は決してしない。むやみやたらと日銀券を濫発《らんぱつ》して、その価値を毀損《きそん》するようなふるまいを、通貨価値の番人たちは決してしない。仮に日本国政府がそのような行動を強要しても、日本銀行は圧力に決して屈しない。このような暗黙の信頼の土台が形成されていてこそ、日銀券は裸でもすてきな王様たりうる。

無責任な中央銀行が無責任に発行する不換紙幣を、人々はどこまで信頼するというのか。通貨管理政策が下手な国の通貨は、だれももちたがらない。たとえ、それが自国通貨であっても、人々はその「強制通用力」を認知しない。だからこそ、中央銀行家たる人々は、見識と節度の持ち主でなければならない。人格者ならざる者は、中央銀行家になってはいけないのである。

だが現実には、なかなかそうはいかない。嬉々として政府の言いなりになる中央銀行家もいる。さまざまなスキャンダルを巻き起こす中央銀行家も出現する。彼らに節度の枠をはめるのは、結局のところ、われわれの監視の目だ。醜い裸をさらすことのないよう、中央銀行家たちの知的シェイプアップ具合を、われわれはつねに厳しくウォッチしている必要がある。われわれにも古代の庶民のしたたかな疑り深さが求められる。

この「ホントは裸の王様紙幣」ならまあまあ許せる

二つのタイプの不換紙幣を検討したところで、「ホントは裸の王様」タイプの実例を少し見ておこう。

その一つが「山田羽書《やまだはがき》」である。江戸幕府成立前後の十七世紀はじめごろ、伊勢山田の商人たちが発行したと言われる。

前述のとおり、当時の西日本は「銀遣い」が主流の世界だった。金貨よりも銀貨が多用されていたのである。そして、これまた既述のとおり、当時の銀貨は計数通貨ではなく、重さがものを言う秤量通貨であった。したがって、取引が高額化すればするほど、やりとりしなければならないカネの重量が増した。お釣りを取りそろえたりするのも、重量で正確を期そうとすると、じつに厄介である。

そこで、山田地方の賢い商人さんが、実際にお釣りを受け渡す代わりに「銀何匁分《もんめ》」と書き込んだ証書を発行することで代用するやり方を発明した。この証書が「山田羽書」だ。「端数の書き付け」だから「はがき」である。この「山田羽書」が、やがて事実上の紙幣として流通するようになった。

「銀何匁分」と書いてある。だが、実際にだれかがこれを銀貨に両替してくれるかどうかは、保証のかぎりではない。まあ、そう書いてあるからいいじゃないかということで、だれもが「銀何匁」相当のおカネとしてこの羽書を扱っているかぎりにおいて、その通用性は保たれつづける。

発行元の商人さんが信頼に足る人であれば、羽書の通用性もそれだけ高まる。あの人が出した羽書なら、べつにそのまま使っていても大丈夫だろう。そのようにだれもが思っていれば、山田羽書は決して現金化されることなく、そのまま事実上の不換紙幣として流通しつづける。いわば「あるとき払いの催促なし」型の不換紙幣。「ホントは裸かもしれないけど、ま、いいだろう」紙幣といったところである。

ちなみに、山田羽書を発行した商人たちは、伊勢神宮に所属する、いわゆる伊勢御師《おんし》だった。一種の神職である。これなら、羽書にも通貨らしい立派な足が生えようというものだ。

あえて封は切らない

もう一つの「ホントは裸かもしれない」通貨に「包み金銀」をあげてもいいだろう。別名「切り餅」である。二五両相当の金貨や銀貨を紙に包んで封印したものである。時代劇で「越後屋」などの悪徳商人が悪徳代官を買収する際、さりげなく菓子折りを差し出す。箱を開ければ、その中にはこの切り餅がぎっしり……。この場面、みなさんもイメージがおありだろう。

切り餅スタイルが普及したのは、要するに利便性のためだ。金貨・銀貨をバラで大量に持ち運ぶのはじつに厄介。数えるのも、バラの状態ではたいへんである。これが、あらかじめ二五両ずつの包みになっていれば、ずいぶんと効率が上がる。だから切り餅化が進んだわけである。いまでも「札束」というものがある。それと同じこと。

ただ、札束は一万円を束ねて帯をかけただけだから、実際にお札の束であることが目に見える。これに対して、切り餅の場合には中身が見えない。ほんとうに二五両のカネが包みの中に入っているかどうかは、封を切って確認しなければわからないわけである。札束も、いちばん上だけがお札で残りは新聞紙ということがありうるが、一枚目をちょっとめくってみればすぐに気づく。

きちんと封印された切り餅は、確認作業も手間がかかる。したがって、よほど疑り深い人でなければ、いちいち内容を確認せずに、切り餅をやりとりすることになる。中身はおカネではなくて、ホントのお餅だったりするかもしれない。

だが、包みに上書きされている「二十五両」という言葉をだれもが信じていれば、じつをいうと、中身はホントのお餅でもかまわない。

実際、ちょうど二五両にあたるおカネと同じような形と大きさの木の細工物をこしらえて、それを包んだ切り餅をやりとりすることもあったらしい。ホントは裸の王様であることはだれもが百も承知だ。だが、だれもがそうとは決して言わない。この暗黙の了解のなかで、木片入りの切り餅で取引するのである。

これぞまさしく、かの荻原重秀が言うところの「瓦礫を以ってこれに代えるといえども」カネはカネだという論法にほかならない。だれかが二五両包みの封印を切って「これ、木じゃない」と言わないかぎり、切り餅は「ホントは裸の王様」ながら、立派に通用するのである。形状からして、これを「紙幣」と呼ぶわけにはいかないが、機能は山田羽書とまったく同じだ。

ここでちょいと歌舞伎の世界に目を向けよう。ポピュラーな演目の一つに「恋飛脚大和往来」というのがある。別名「梅川忠兵衛」。若旦那の忠兵衛と遊女《あそびめ》梅川《うめがわ》の悲恋物語だ。

この芝居の二段目が、いみじくも「封印切り」の場面である。ややこしすぎるのでいきさつは省くが、要は恋敵に挑発されて、忠兵衛さんが切り餅の封を切ってしまうのである。どうせニセ金じゃないの、と言われて、悔しまぎれに金包みの封を切る。切り餅の中身は、決して問わない。封印切りは、この神聖なルールに対するとんでもない違反行為なのだ。

おまけに、この切り餅は忠兵衛さんの所有物ではない。お店のカネだ。公金である。それを忠兵衛さんは梅川さんを受け出すために使おうとしていた。これだから、色男は手のつけようがない。封印切りは、ただでさえ重大なルール違反。しかも、封を切ってしまったのでは、もう取り返しがつかない。切り餅のままなら、まだ心を入れ替えて本来の用途に充てることもできる。だが、バラしてしまったのでは万事休す。公金横領の動かぬ証拠となってしまう。ここから、心中へと向かう悲劇が深まる――。

このような筋立てで、「封印切り」の段はこのお芝居の大きな山場だ。「梅川忠兵衛」といえば「封印切り」、「封印切り」といえば「梅川忠兵衛」なのである。歌舞伎好きなら「恋飛脚大和往来」と言われてにわかにはピンとこなくても、「封印切り」と言われれば「あ、梅川忠兵衛ね」と即座に反応する。かくして、やっぱり経済はドラマなのである。

山田羽書にしろ、切り餅にしろ、その足の長さに一定の危うさがつきまとうことは間違いない。どんなことがきっかけで、これらの取引手段に対する暗黙の信用が崩れるかわからない。そこに問題はある。

だが、さほど筋は悪くない。人が人を信用しているがために、「ホントは裸」かどうかをあえて問おうとしない。この種の王様なら、ホントは裸でもまあまあ許せる。

禁断の「ホントは裸の王様紙幣」、その名は藩札

山田羽書にも切り餅にも、それなりの味わいがある。それに対して、いたって身も蓋《ふた》もない「ホントは裸の王様紙幣」が、いわゆる藩札である。

藩札の定義はご承知のとおり。江戸時代の諸藩がそれぞれ独自に発行した紙幣である。不換紙幣だった。だが、額面金額は「金二両」とか「銀五匁」というふうに刷り込まれていた。したがって「ホントは裸の王様」タイプの不換紙幣である。「ホントに裸でもすてき」タイプではない。領民たちが、どこまでこの紙幣を信用していたかは、かなり怪しい。

もっとも、藩内で取引しているかぎりにおいて、藩札は立派に決済手段として通用した。幕府発行の金貨や銀貨と交換しようとしたときにだけ、その裸ぶりが露《あら》わになるのであって、内輪でやりとりしているぶんには問題なかった。要するに地域通貨である。

筆者はグローバル時代における地域通貨の役割にけっこう期待をかけている。その意味で江戸時代の藩札は参考になると思う。だが、反面教師としても貴重だ。地域通貨も扱いを間違うと、経済活動を破壊する。そのことを、あの当時の藩札文化がわれわれに教えてくれている。

藩札は、諸藩の苦しい台所事情をカバーするために生まれた決済手段だ。各藩とも、幕府から頂戴する禄高だけでは到底、藩の財政を賄えない。土地が肥沃で農業が栄えそうな藩なら、問題はない。だが、そんな幸運に恵まれるケースはまれで、いずれの藩も家計は大なり小なり火の車状態だったのである。

そんな窮状をなんとかしのいでいくために絞り出した知恵の産物が、藩札だったわけである。地方版政府紙幣と言ってもいい。要は、はなから返す気のない借金である。領民たちも、それは重々承知していた。だが、この不換紙幣を受け取ってさえいれば、藩内の経済はギリギリまわる。お城側も領民側も、それと知っての詐欺行為に集団で加担していた恰好である。

なにしろ、藩が財政破綻《はたん》すれば、領地を幕府に召し上げられてしまうのである。そうなれば、領民たちも結局は困る。幕府直轄となれば、自分たちもどんな仕打ちを受けるかわからない。意地悪な管財人が乗り込んでくれば、日々の生活にも重大な支障が生じるかもしれない。

カネはなくても面倒みのいいお殿様が領主である場合には、領民たちも、なんとかして藩のお取りつぶしは阻止したい。だから、明らかに「ホントは裸の王様紙幣」である藩札を文句も言わずに受け取りもし、自分たちのあいだでも使っていたわけである。

たしかに身も蓋もない不換紙幣だ。だが、背に腹は代えられない事情の産物としては、あながち悪者視ばかりはできない面がある。

ただ、前述のとおり扱いを間違えば、やっぱり問題は起きる。藩札を打出の小槌《こづち》だと誤解して、領主がその濫造・濫発に走れば、藩内の経済は激しいインフレに見舞われる。領民の生活もしだいに行きづまることになる。経済規律が失われれば、政治も節度を失う。万事が乱脈化する。藩札ではない幕府発行通貨の闇市場なども発生しかねない。秩序は消えてなくなる。

幕府も、こうした展開を恐れて藩札の取り締まりに乗り出した。一七〇七年には、藩札の通用を禁止する「札遣い停止令」を発布している。だが、一度味を占めた「ホントは裸の王様紙幣」のうまさ、甘酸っぱさはなかなか忘れられない。度重なる規制措置にもかかわらず、さしたる実効をあげることはできなかった。幕末の時点で、約八割の藩が藩札を発行しつづけていたのである。

もっとも、そうした藩札群のすべてが悪貨だったわけではない。発行管理がしっかり行き届いていた藩札は、藩内経済の潤滑油《じゅんかつゆ》としてなかなかうまく機能していた。商人たちが藩内限定で発行する「私札」も、発行元の信頼性が高ければ藩内経済を盛り立てた。これに対して、だらしない領主が濫発する藩札は、結局のところ、藩内でも信用を失って受け取り拒否にあい、淘汰《とうた》されていったのである。閉ざされた藩内経済においても、市場原理はそれなりに機能していた。

3 日本銀行の誕生

明治政府も節度がない？

紙幣物語にかなり紙幅を費やした。明治政府下の新通貨体制に話を戻そう。前述のとおり、一八七一年に打ち出された円・銭・厘体制は名ばかり金本位制だった。その意味で、明治政府も諸藩の藩札方式となんら変わるところのない行動をとっていたわけである。

とくに一八七七年に西南戦争が勃発《ぼつぱつ》すると、その戦費調達のために、なりふりかまわぬ政府紙幣の濫発が始まった。金本位制の見せかけさえも、事実上かなぐり捨てて、「ホントは裸の王様紙幣」の洪水を生み出したのである。おかげで、お米の値段が西南戦争前の二倍になってしまった。ただし、むろんこれは政府紙幣建ての値段の話。何かの具合で金貨や銀貨をもっていた人々はひそかに、もっと廉価《れんか》でお米を手に入れていたかもしれない。

こんな調子で、明治政府も、すっかり通貨節度の欠如ぶりを露呈《ろてい》してしまうことになった。ただし、当初からまったく節度意識が欠けていたわけでもない。富国強兵・殖産興業をしっかり進めるために、なんとかして安定した通貨基盤を打ち立てようとしてはいたのである。

そのための対応として打ち出されたのが、一八七二年の「国立銀行条例」だった。というわけで、ここで円の通貨史にかかわる第三のキーワード「銀行」が登場することになる。

「国立」銀行条例と言いながら、この条例は民間銀行の開業を推進するための法律だった。アメリカの国法銀行制度を参考に、国が民間銀行の設立を認可するかたちをとったから、国立銀行条例という名称になった。

ポイントは、これらの「国立民間」銀行に明治政府が兌換紙幣の発行を義務づけたこと。「国立銀行紙幣」を発行する銀行は、それら紙幣の金貨や銀貨への兌換要求にいつでも応じられるように、手元に発行紙幣量に見合った硬貨を用意しておくことが求められたのである。

この体制をとった以上、厳格な兌換制度のもとに通貨節度がしっかり維持される仕組みを志向していたはずである。だが、実際問題として、これでは富国強兵も殖産興業も難しい。しかも西南戦争の勃発により、差し迫った資金ニーズも出てきてしまったとなれば、これまた背に腹は代えられない。大蔵卿・大隈重信による積極財政のもとで、国立銀行条例は大改正される展開となった。一八七六年のことだ。

国立銀行紙幣は一転して不換紙幣となり、戦費調達のための大増刷が始まる。銀行の数も当初の四行から、一八七九年には一気に一五三行に膨れ上がっていた。それもそのはずである。硬貨への兌換義務がともなう紙幣は、そうそうだれもが発行できるわけがない。兌換用の硬貨を手元に準備する財力や才覚がなければダメである。だが不換紙幣なら、要は輪転機さえあればいい。かくして、事態は前述のとおり、米価が二倍になるインフレに向けて突っ走りはじめることとなったのである。

「ホントに裸じゃない王様」登場へ

このまま通貨節度をかなぐり捨てた状態の経済運営が続いていたら、はたしてどうなっていただろう。歯止めなきハイパーインフレのなかで、経済大混迷のうちに明治政府は瓦解していたかもしれない。どさくさに紛れて、日本が列強のいずれかの国の植民地と化していた可能性もあるだろう。通貨的混乱を招くことにはつねに、きわめて大きな危険がともなう。

そのような事態になだれこむのを防ぐべく乗り出したのが、ご存じ、松方正義（一八三五～一九二四）だった。明治の傑物《けつぶつ》の一人だ。明治期を通じて、二度にわたって総理大臣を務めている。一八八一年に大蔵卿に就任するや、彼はただちに財政緊縮と通貨価値の回復に向けて奔走《ほんそう》した。

そして一八八二年には、彼の差配のもとで日本銀行の開業にいたる。三年後の一八八五年には、初の日銀券である「大黒札」が発行される。このお札は銀との兌換紙幣だった。十円札の券面には「此券引かへ尓《に》銀貨拾圓相渡可申候也」と刷り込まれている。正真正銘の銀本位兌換紙幣である。松方大蔵卿としては、列強に倣って金本位でいきたいところだった。だが、それにはいかにも金貨の在庫が足りない。そこでやむなく銀本位制を敷いたのである。

とはいえ、日本の通貨体制は見せかけ金本位制から本格的銀本位制に移行したわけである。いよいよ本格的金本位制へと進む時期が近づいてきた。その顚末が次章のテーマである。

なお、日銀のもとで従来の国立銀行紙幣や政府紙幣はすべて回収整理され、一八九九年にはいずれも通用停止となった。このときをもって、日本国唯一の発券銀行としての日本銀行の地位が確立することとなったわけである。彼らが発行する大黒札はいつでも必ず一円銀貨一〇枚と交換してもらえる紙幣であった。正真正銘の「ホントに裸じゃない王様紙幣」となったのである。

松方大蔵卿は、日銀の開業式にあたって次のように言っている。

「其地位官民の中間に立ち、非常の特典を有し、能《よ》く全国の貨財を流通し、善《よ》く聚《あつ》め善く散じ操縦離合各々其宜を得せしむるの一大機関に当り、（中略）何となれば日本銀行なるものは一人一個の私利を謀《はか》るものに非ず、公利公益を主眼とし、徒《いたずら》に商業社会の狂濤《きょうとう》に揺がされず、卓然屹立《たくぜんきつりつ》して以て一視同仁の義務を尽すべきものなり」

この松方の言葉を、筆者がだれに聞かせたいと思っているか、賢明な読者のみなさんにはただちにおわかりいただけるだろう。

日清戦争神風でついに金本位制へ

さて、ここで円の通貨史を彩る最後のキーワード「戦争」に目を向けよう。

松方大蔵卿の悲願であった本格的金本位制への移行は、なんと、戦争のおかげで実現することとなった。その戦争こそ日清戦争（一八九四～九五）である。この戦争に勝ったことで、日本は清国から二億両《テール》（約三億円）もの賠償金を手に入れた。この賠償金の一部を準備金に充てることで、日銀券を銀本位貨から金本位貨に衣替えすることができるようになったのである。

一八九七年に新たな貨幣法が制定され、従来の一円＝金一・五グラム純分から、一円＝金〇・七五グラム純分へと改定された。数字上は通貨価値の半減だが、今度の金本位は名ばかり金本位制ではなかった。新法のもとに発行された「日本銀行兌換券」には、「此券引換ニ金貨拾圓相渡可申候也」と明記されていたのである。

これにともなって、ほかの金本位諸国とのあいだでも金を介した交換レートが成り立つことになった。いわゆる金平価である。米ドルとの関係では、この値が一〇〇円＝49・8

46ドルだった。この金平価は、一九一七年に日本が戦時対応で金本位を停止するまで続いたのである。

こうして、明治ニッポンは列強の仲間入りを果たし、円もまた、まがりなりにも一人前の国際通貨の体裁を整えるにいたったのである。さしあたり、日清戦争様々の日本であった。

さて、ここから円の通貨史は二十世紀に入る。二十世紀への入り口もまた、戦争に明け暮れる日々だった。そしてその過程では、円のために、日清戦争時のような神風が吹くことは二度となかった。日露戦争（一九〇四～〇五）は日本の金本位制に大きな負担をかけ、第一次世界大戦下でも、日本は通貨体制のあり方をめぐって大いに悩み苦しむことになる。

そうこうするうちに、世は一九二七年の金融恐慌、一九三〇年代の大不況、そして第二次世界大戦へと展開していくことになる。そうした時代の流れのなかで、円はどのような通貨的命運をたどったのか。その経緯を次章で見ていくことにする。

第4章

「円高アレルギー」の原点

1 金本位制終焉物語

円安神風に靡かれて

さて、ここから円の通貨史は二十世紀に入る。前章でもふれたとおり、日本にとっての二十世紀は日露戦争とともに幕を開けた。新参金本位国の日本にとって、対ロシア戦のための戦費調達は困難を極めた。その顚末記と、そのなかで当時の日銀副総裁・高橋是清（一八五四〜一九三六）が果たした役割については、さまざまな文献・資料で詳細に語られている。

そうした必死の資金調達が功を奏し、対露戦をなんとか乗りきった日本だったが、戦後は対外債務の返済負担が重くのしかかり、経済運営の大きな制約となった。しかも戦後不況で実体経済は悪化し、内外ともに行きづまり感が深まるなかで、明治末期を迎えることとなるのであった。

そのような閉塞《へいそく》状態を脱する契機となったのが、第一次世界大戦（一九一四〜一八）である。要は戦争特需だ。そのおかげで、一転して日本経済は大戦景気に沸くこととなる。だが、戦後はふたたび不況に見舞われ、そうこうするうちに一九二七年の金融恐慌から三〇年代の世界不況へと向かう流れに呑《の》み込まれていった。

この間を通じて、「あこがれ通貨・円」もさまざまなＹＥＮに翻弄《ほんろう》されて、キリキリ舞いをくりかえすことになる。足元定まらぬフラフラ歩きのなかで、金本位制の制約の厳しさを知った。そして、その軛《くびき》から解放されることにともなう円安神風の味も覚えた。

円安神風に身を託せればラクだ。だが、ラクをしすぎれば、金本位通貨としての円の輝きが失われる。金本位国として輝くことはすばらしい。だが、円が輝きすぎれば、活況を呈す国内経済に影が差す。

あちらを立てれば、こちらが立たず。内外均衡の相克問題である。明治初期に日本が直面した内外均衡の相克については、第3章で見た。あのときの日本は、対外的な金流出を止めることと、国内経済の健全性維持とのあいだで厳しい選択を迫られた。

それに対して、昭和に向かって進む日本は、一国経済として、より本格的な選択のジレンマに当面することとなったのである。すなわち、通貨節度を取るのか、輸出主導型成長の活況を取るのかという問題だ。

この相克問題を前にして、結局のところ、日本は概して通貨節度よりは円安神風を選ぶ道を選んできたと言っていいだろう。今日的な「円高嫌い」「円高アレルギー」も、そのルーツは大正期から昭和初期の通貨体験のなかにあるといえそうである。

セルビアの銃声に撃ち抜かれた金本位制

セルビア人青年による一発の銃声は、ヨーロッパの不安定な平和を粉々にするとともに、金本位制という秩序もまた叩き壊すことになった。

サラエボでのオーストリア皇太子暗殺事件に端を発し、一九一四年に第一次世界大戦が勃発すると、各国は次々と金本位制を停止した。一九一七年にはアメリカも金輸出を禁止。日本も同年に金本位制をやめている。

戦時下の金本位停止は、国々における定石行動だ。非常時において、海外への金流出の道を開けておくわけにはいかないからである。問題は、非常時が終わったあと、どのタイミングで金本位制に戻り、金の輸出を解禁するか。早期復帰を選ぶか否かは、戦争による疲弊の度合と、通貨価値を維持することに対するこだわりの強さで決まった。

戦争終結後、早々に金本位制への復帰を選んだのはアメリカだった。一九一九年のことである。

新興勢力のアメリカがいち早く通貨体制の正常化を果たす一方で、通貨大国としての大先輩、パックス・ブリタニカの盟主だったイギリスは、なかなか金本位制への復帰の目途《めど》が立たなかった。これに危機感を覚えたのが、「シティの法王」と呼ばれた当時のイングランド銀行総裁モンタギュー・ノーマン卿（一八七一〜一九五〇）である。

ノーマン卿は一九二〇年にイングランド銀行総裁に就任するや、精力的に金本位制の復活に尽力した。だが、まだ終戦直後であり、復興を求める国民や産業界からは激しい批判を浴びせられた。お金が必要なときに、通貨発行に足枷《あしかせ》を課すとは何事か。そうした不満が噴出したのである。

それでもノーマン卿が金本位制復活を急いだのは、ポンド価値の維持のためであった。シティが世界の金融の中心地でいるためには、ポンドの価値は維持されなければならない。そのためには、金本位制による価値の裏づけが不可欠だった。

だが、金本位制が国内経済の足枷になることは、多くの人に気づかれはじめていた。なかでも反対の急先鋒となったのが、かのジョン・メイナード・ケインズ（一八八三～一九四六）だった。一九二三年に発刊された『貨幣改革論』のなかで、ケインズは銀行券と金準備の関係を断ち切り、金本位制から管理通貨制へ移行すべきとの主張を展開している。

こうして、往年の通貨の王様イギリスも、内外均衡の相克問題がなかなか厳しくなっていたのである。

ついに拘束衣を完全に脱いだイギリス

各国による金本位制復帰の動きは、一九二〇年代を通じて続いた。アメリカに先を越されたイギリスも、一九二五年にはようやく金本位制の復活を果たした。相当にやせ我慢をしながらの復帰であった。大陸欧州諸国も一九二〇年代終盤に向けて順次、金本位制に立ち返っていった。これで、世界の通貨体制はふたたび戦前の姿に戻るかに見えた。

ところが、一九二〇年代が幕を閉じようとするなかで、すべてをご破算にしてしまう大事件が起こる。言うまでもなく、一九二九年のニューヨーク株大暴落である。これを端緒とする大恐慌が世界を覆《おお》い、国々の再建金本位制に襲いかかった。通貨節度を取るか国内経済を取るかという選択は、突如として著《いちじる》しく切迫したかたちで、各国の眼前に出現したのである。

この世界恐慌を機に、国際的に広がっていた金本位制の通貨秩序に終止符が打たれることになる。ケインズ先生が指摘していたとおりであった。金（キン）の切れ目が金（カネ）の切れ目となるこの通貨システムは、生産力を高め、地平が拡がっていく世界経済にとって、日に日に窮屈さが増す拘束衣《こうそくい》となっていたのである。

世界恐慌がそのことを各国に思い知らせた。未曾有《みぞう》の不況の淵から這《は》い上がろうとするなかで、彼らは金本位制との最終的な決別のときに近づいていくのであった。

だが、さらば金本位の最終場面にいたる一歩手前で、イギリス、フランス、アメリカの三国が通貨をめぐる熾烈《しれつ》なせめぎ合いを演じることになった。世に言う一九三〇年代の為替戦争である。

その仕掛け人がなんと、かつての通貨の王様イギリスだった。無理やり再建したイギリスの金本位制は、イギリス経済をことのほか深刻なデフレの谷底に叩き落とした。それというのも、一九二五年の金本位制再開に際して、イギリスは第一次世界大戦前と同じ金平価を採用していた。戦争で疲弊し、金準備が相当に減っているなかで、これはいかにも無謀な選択だった。

だが、彼らにしてみれば、やむをえざる選択でもあった。なぜなら、在外ポンド資産の価値を保全しなくてはならなかったからである。

大英帝国の植民地を中心に、当時の世界には津々浦々にポンド建ての資産が存在した。ポンドが戦前よりも低い金平価で金本位を復活するとなれば、それらの在外資産も金価値が目減りしてしまう。それこそ「ポケットの中の1ポンド」で手に入れることが保証される金の分量が減ってしまうのである。これではパックス・ブリタニカも面目丸つぶれ。かたなしである。金平価の切り下げは考えられなかった。

武士は食わねど金高値――どんなにやせ我慢をしてでも、戦前平価の堅持以外に選択の余地はなかった。

ところが、この選択の代償は大きかった。高い金純分を維持したかたちで、ポンドの金交換義務を履行しつづけようと思えば、わずかな量のポンドしか発行できない。これではデフレ化して当たり前である。

しかも、無理な高値での金交換は、イギリスにとって限界があることをだれもが知っていた。したがって、ポンドを保有している人々は、イギリスにまだ金が残っているうちに、一刻も早く手持ちのポンドを金に換えようとする。むろん、そうした請求にイギリスは応じざるをえない。すると、イギリスから海外にどんどん金が流出することになる。そうなれば、ますます通貨発行量を減らして国内経済を引き締めることを余儀《よぎ》なくされる。まったくもって悪循環とはこのことである。

かくして、身動きのとれなくなったイギリスはノーマン・イングランド銀行総裁の必死の抵抗も空しく、一九三一年にふたたび金本位制を放棄した。そして、二度と金本位の世界に立ち戻ることはなかった。

そして為替戦争へ

泣く泣く金本位制の拘束衣を脱いでみたら、そこには驚くべき解放が待っていた。苦渋のノーマン総裁を別とすれば、当時のイギリスの政策担当者は概してそのような気分だっただろう。

もとより、企業経営者たちも然り。もはやポンド相場の維持に腐心することはなかった。下落にまかせて輸出競争力を強化する。輸入品も価格競争力の低下によって撃退できてしまう。しかも、みずからポンドを売って金本位国の通貨を買えば、それらの通貨はただちに金に交換してもらえる。

したがって、ポンドを売れば売るほど、手元に金がたまっていく。人の血を吸って元気になる。金本位制離脱後のイギリスは、さながら吸血鬼であった。吸血ホラーの元祖「ドラキュラ」物語発祥の地には、じつにふさわしいふるまいだった。

この吸血鬼商法のターゲットとなったのが、当時まだ金本位を維持していたアメリカとフランスであった。吸血鬼出現のおかげで、彼らはすさまじい金流出に見舞われた。むろん、そのことが彼らの国内における不況深化につながったのである。

重度の貧血ならぬ金欠状態に追い込まれていくなかで、アメリカがまず金本位制を放棄した。一九三三年のことである。以降、英米間で激しい為替切り下げ競争が繰り広げられる展開となる。

そして、その餌食《えじき》となったのがフランスである。唯一の金本位国は、今度は二人の吸血鬼から血を吸われることになった。たまりかねて、誇り高き最後の金本位国も、ついにその看板を下ろすときを迎えた。一九三六年九月のことである。

それと同時に、英米仏間で三国通貨協定が締結された。為替戦争の休戦協定である。このときアメリカは、「相手側が自国通貨の対ドル為替相場を可能なかぎり安定的に維持すること」を条件に、その相手国の要請に応じて、固定価格で金と無制限に交換することを約束した。

つまり、協定国のなかの唯一の金本位国として金請求に応じることと引き換えに、為替安定化の義務を他国に押しつけることに成功したわけである。イギリスに代わってアメリカが通貨の王様となるために、大きな布石が置かれた瞬間であった。

遅れた日本の金本位制復帰

さて、このように通貨史の舞台が大きく場面転換するなかで、円はどのような歩みをたどったのか。端的にいって、その足取りはなかなか覚束《おぼつか》ないものだった。

前述のとおり、第一次世界大戦時の日本は戦争特需に沸いて、成金たちが世の中を闊歩《かっぽ》した。だが、戦争が終わってしまえばバブルは破綻し、経済活動は急激に沈降した。

一九二九年の世界恐慌よりも一歩手前の一九二七年には金融恐慌が発生し、社債のデフォルトが相次ぐありさまとなった。これを契機に展開された「社債浄化運動」によって、

和田邦坊の風刺画「成金栄華時代」
（『現代漫画大観 第３編 漫画明治大正史』中央美術社、1928年）

それまでは無担保で発行されていた日本の社債に、はじめて有担保原則が適用されるようになったのである。

その後、日本の金融制度はしだいに規制色を強めていくことになる。金本位制による通貨的タガがはずれた。すると、それまでほとんど野放し状態だった金融の世界に、秩序のタガを打ち立てようとする気運が芽生えはじめる。そんな時期だった。

この間、日本で激しく揺れ動いたのは通貨と金融の世界ばかりではなかった。一九二三年には、なんと関東大震災が発生してしまった。内外で恐慌が巻き起こる。天変地異まで激しく日本を襲う。

こんな状況では、金本位制復帰の目途が立つわけはなかった。ほかの国々は、漸次《ぜんじ》、金本位制の再建を進めたのであるが、日本はひたすら指をくわえて、それを見ているほかなかった。日本が金本位制にようよう復帰できたのは、じつに一九三〇年のことだったのである。

嵐に向かってなぜ窓を開けたのか

一九三〇年といえば、まさに前述の英米仏の為替戦争が始まらんとする時期である。金融恐慌から世界大不況へと局面が展開し、いまだかつてない重苦しさが世界経済全体に充満してきた。そのようなさなかでの金本位制への復帰は、さながら「嵐に向かって窓を開けるようなものだ」と言われた。

つとに有名なこの言葉を発したのが、武藤山治《さんじ》である。当時の言論人であり、衆議院議員でもあった。この言葉の矛先は、浜口雄幸《おさち》内閣の大蔵大臣・井上準之助（一八六九～一九三二）に向けられていた。

たしかに、この時点での金解禁すなわち金本位制への復帰には、まさに大嵐に向けて窓を全開にする様相があった。だが、一九二〇年代のイギリスにとって金本位制再建が悲願であったように、この時点の日本にとっても、金本位制への復帰は切迫した政策課題だったのである。

実務的な面では、日露戦争時に発行したポンド建て外債の借り換え問題があった。償還原資に事欠く日本政府としては、どうしても借り換えに応じてもらう必要があった。だが、日本が金本位から離脱したままでは、借り換え交渉のテーブルに着いてもらうことさえ夢のまた夢。その意味で、何はともあれ金解禁を急ぐ必要があった。

こうした現実的事情もさることながら、井上準之助にとっては、通貨節度の一刻も早い回復がまさしく悲願だった。戦時バブルから戦後恐慌にいたる過程で、日本の経済運営はすっかり制御力を失っていた。財政の膨張が著しく、それでも不況脱却の目途は立たない。とにもかくにも、秩序と安定を復元したい。この思いが井上準之助を駆り立てた。内外均衡の相克問題に対して、彼は断固として対外均衡優先型の決着をつけたかったのである。

通貨価値にふたたび金本位の縛りをかける。そうすれば、通貨発行量に制約がかかる。したがって、おのずと放漫財政にもブレーキがかかる。こうして経済運営が正常化に向かう。これが井上の政策シナリオだった。だからこそ彼は、一九二五年当時のイギリスと同じように、戦前平価での金本位制への復帰を敢行したのである。

井上の発想は正論だった。だが、状況が正論の貫徹を許さなかった。金解禁後の日本は不況の一段の悪化に見舞われた。高すぎる金平価を守ろうとすれば、当然の成り行きだ。不況が深化するなかで社会情勢も不穏当化した。

金解禁の窓から吹き込んだ大デフレの嵐は、情け容赦なく日本経済を翻弄し、痛めつけたのである。

一年天下だった日本の再建金本位制

そうこうするうちに、満洲事変が勃発した。またしても戦費調達が大きな課題となっていく。しかも、金本位制の総本山であるはずのイギリスが、とうとう金本位制を投げ出した。ここまで来てしまえば、日本の金本位制再離脱も、もはや避けられない状況になっていた。

そして一九三一年十二月、犬養《いぬかい》毅《つよし》内閣がその発足と同時に金輸出再禁止を断行した。ここに、日本の再建金本位制の一年天下は終わった。井上準之助に代わって、ご存じ、高橋是清が通貨政策と財政政策の手綱をさばく位置に就くこととなる。

ちなみに、この顚末にはちょっとしたエピソードがともなっている。金の再禁輸を打ち出す一方で、犬養内閣はさしあたり国内における金交換停止を見送った。海外からの円の金への転換要請には応じない。だが、日本国内においては円紙幣の兌換性を維持する。このスタンスで臨んだのである。

その結果は、これまた目に見えている。人々が日本銀行に殺到し、手持ちの円紙幣を金に交換するよう迫ったのである。すさまじい対日銀取り付け騒ぎのなかで、金再禁輸の四日後には国内における金兌換も停止された。

この騒動からわかるとおり、金本位制という通貨体制には、じつは二つの顔がある。対内的な顔と対外的な顔である。対内的な顔が、日本国民に対する金兌換。あなたの手持ちの円は、いつでも金にお換え申し上げます。そう国民に愛嬌《あいきょう》をふりまく顔である。対外的な顔は、同じ愛嬌を外国人に向かってふりまく。

いずれの顔でいくにせよ、やっぱり「金（キン）の切れ目が金（カネ）の切れ目」であることを意識しておかなければならない。相手が日本人であれ外国人であれ、随時、円貨の金への交換に無制限に応じるというのであれば、その約束が履行できると思われる範囲内でしか円を発行することはできない。

結局のところ、この二つの顔を切り離すことは不可能だ。犬養内閣のように対外的な金兌換を停止すれば、金が海外に流出せず手元に残る。したがって、そのぶんだけ国内の金兌換請求に応じるゆとりは生まれることになる。だが、対外的な金本位制離脱に踏みきれば、どうしても国民は不安に駆られる。

ああいうことをしなければならないほど、日本の金は底を尽いているのか。対外的にやったことは、いつ国内向けに敢行されるともかぎらない。ポケットの中の円が紙切れになったらたいへんだ。いまのうちに金に換えておかなければ――。

多少とも目端《めはし》の利く人間なら、だれでもそう思う。日本国内でゴールドラッシュが起こるのは当然だった。そうなってしまえば、何のために金輸出を再停止したのかわからない。金本位制の二つの顔は、つねに同時に表情を変えなければいけない。

ところが、金本位制の二つの顔を分けようとした事例は、この当時の日本に限った話ではない。のちほど言及するが、じつは戦後のアメリカが同じことをやっていたのである。

ただし、アメリカの場合には、内外の顔の使い分け方が一九三〇年当時の日本とは逆だった。国内で金本位を停止しながら、対外的にはドルの金兌換を続けたのである。これもまた、じつに無謀なやり方だった。

だが、イギリスに代わって通貨の王様となったアメリカは、すっかり全知全能妄想の虜《とりこ》になっていたのだろう。自分は不可能を可能にできると思い込み、国内的には野放図にドルを発行しながら、そのドルを対外的にはいつでも金にお換えいたしましょうと言いつづけたのであった。唯一の金本位国の威信と、制約なき通貨発行の自由の両方を手に入れようとしたのである。

絵に描いた餅をお腹いっぱい食べようとする魂胆。そのような野望の顚末を、本章の後段で見ることとしよう。

円安の甘い香り

犬養内閣の面々も、戦後のアメリカと同じような虫のいいことを考えていたのかもしれない。対外的な金本位の停止で金の流出を止める。手元にたまっていく金を元手に、国民に対しては、円は黄金通貨ですよと胸を張る。これまた、絵に描いた餅を食おうとする発想だ。

金の在庫が充分に積み上がれば、それを見た人々は安心するから、あえて円を金に換えてくれとは言わなくなるにちがいない。そのような読みがはたらいていたとすれば、その見通しは甘すぎた。いつの世も、人々は時の為政者が思うほどウブではない。

いずれにせよ、金再禁輸後の円は、対外的な通貨価値の劇的低下を経験することになった。金再禁輸直前の円ドル間の金平価は、一〇〇円＝49・8ドルだった。すでに見た戦前の平価関係である。ところが日本の金再禁輸後は、この関係がどんどん崩れていくことになる。一九三一年の年末時点では、一〇〇円＝34・2ドルまで円安が進行する。

そして一九三二年末時点では、ついに一〇〇円＝20ドルまで円相場が低落することになった。一年間で、ドルに対する円の価値が半減したのである。いまでいえば、1ドル＝一〇〇円から1ドル＝二〇〇円まで一気に円安が進んだ感覚だ。

これをどう受け止めるか。輸出競争力が強化されるという観点から歓迎するのか。通貨節度が失われたことを嘆くのか。いつの世にも、このジレンマはある。

だが、通貨価値の過度の低下は、最終的には経済活動の機能不全につながっていく。井上準之助はそれを恐れた。高橋是清は、そこにいたる前に「さらば金本位」の拘束衣脱衣効果が日本経済を持ち上げることを期待した。

結果的には、いずれもなかば正しく、なかば間違っていたということだろう。

だが、高橋是清的ささやきはつねに耳心地がいい。井上準之助の警告は耳が痛い。高橋的耳心地のよさに人々が溺れたところから、円安神風の発想は生まれる。自国通貨の価値が高まることに対して、忌避《きひ》の条件反射も強まることとなる。このあたりも、後年におけ
る円高アレルギーの原点といえるのかもしれない。

2 ハイパーインフレの末路

悲しき陶貨

英米仏の為替戦争には、三国通貨協定によってなんとか決着がついた。これによって通貨の世界からは、ひとまず戦闘モードが後退した恰好になった。

だがその間にも、世界はふたたび戦時体制へと向かいはじめた。金本位の拘束衣を最終的に脱ぎ去った国々は、新たな戦争に向けて資金基盤の準備に明け暮れることとなった。日本もまた、金本位制による節度のブレーキを失った円を携えて、ふたたび富国強兵へのYENを燃やしはじめるのであった。

ところでみなさんは、「陶貨《とうか》」をご存じだろうか。文字どおり陶器製の貨幣である。

太平洋戦争（一九四一〜四五）も末期になると、あらゆる物資が不足する事態に陥った。国民は金属の供出を求められ、鉄道の線路は剝《は》ぎ取られ、各地の銅像が次々と溶かされていった。

そうした流れはついに、通貨にまで及んだ。

一九三〇年代、日本が戦争に向かってひた走るなか、幾度かの通貨の改悪が行われた。一九三三年、補助通貨の一部が白銅貨からニッケル貨に変わった。一九三八年にはニッケル貨がさらにアルミニウム貨に取り換えられた。開戦後の一九四四年ごろには、錫貨《しゃくか》や錫亜鉛貨へと、目まぐるしく素材の品位低下が進んだ。

そして戦争末期、ついにはあらゆる金属が不足し、陶器製の硬貨が登場するにいたったというわけである。瀬戸、有田、京都といった名立たる焼き物の産地が、陶貨の鋳造に動員された。芸術家たちに、なんととんでもないことをさせたものである。

結局のところ、陶貨は使われずじまいに終わった。せめてもの不幸中の幸いだったと考えるべきだろう。かの荻原重秀が提唱した瓦礫にくらべれば、陶器ならまだエレガンスがあっていいと思えないことはない。だがむしろ、そのようなエレガンスを内包した素材まで、背に腹は代えられずに通貨に充てたというところが惨《みじ》めだ。

不換紙幣による管理通貨制度にまで発展しながら、この時点の日本は、ほとんど和同開珎に近い世界に逆戻りしていたということでもある。しかも、陶器をもって代用しようというのであるから、相当に通用性は疑わしい。戦時下の混迷のさなかで、円という通貨の足は一気に先祖返り的短縮症状を起こしはじめていたのである。

リフレの大将も凶弾に倒れて

日本が本格的な軍国化に傾く一つのターニングポイントとなったのが、言うまでもなく二・二六事件だ。一九三六年二月二十六日、「昭和維新断行・尊皇討奸《そんのうとうかん》」を掲げた青年将校たちが蜂起。周知のとおり、彼らによる一連の要人襲撃行動のなかで、円安リフレを主導した高橋是清も殺害された。

この時点での彼は、インフレの昂進を懸念して、軍事予算の削減に取り組もうとしていた。その意味で高橋是清もまた、決して野放図な拡張主義者ではなかった。円安神風や拡張主義的経済運営の甘い香りに人々が酔いしれすぎることには、いたって健全な警戒感をもちあわせていた。そうであったばかりに、テロ行為の犠牲ともなったわけである。

ところで、こうして貴重な政策通を失ったというのに、当時の円相場はさして大きく低落することがなかった。それもそのはず。このとき日本は、すでに為替取引に規制がかけられる段階に入っていた。

一九三六年には円為替取引の届出主義が採用された。翌一九三七年には、輸入為替に関する許可証制度も導入された。統制経済への歩みが始まっていたのである。金本位制が求める節度に代わって、国家権力が通貨価値を管理する時代に踏み込もうとしていた。

一九三七年に日中戦争が勃発すると、いよいよ日本は本格的に戦争へと突入することになる。本項の冒頭で見たような通貨の改悪が進む展開になった。そして、国債も濫発されるようになっていく。通貨を改悪し、国債を濫発して政府支出を拡大すれば、悪性インフレが発生することは目に見えていた。

そこで当時の日本政府は、物価についても強権的な統制に乗り出した。為替も物価も統制下に置くとなれば、内外均衡はともに国家権力のもとに封じ込められることとなる。自律的な経済の健全性保持メカニズムが封印され、暴力的な経済操作がそれに取って代わった。強権的無理が通れば、経済的道理が引っ込む。そういう時代であった。

まずは、物価高騰を抑制するために第一次大戦期の一九一七年に制定された「暴利取締令」が引っ張り出された。一九三七年にこれを改正し、対象品目を八品目から二八品目に拡大したのである。さらに翌一九三八年には、この統制が全重要商品に適用されることとなった。

一九三七年には「輸出入品等臨時措置法」も制定されている。これによって、政府が物品を特定して、その輸出入を制限・禁止できるようになった。

こうしたなかで、一九三九年にはヨーロッパで、ついに第二次世界大戦が勃発した。その結果、日本は一段と激しいインフレ圧力にさらされる事態となる。

そして同年、国家総動員法に基づく「価格等統制令」がついに施行されるにいたった。その結果、ほとんどすべての物資の価格が、一九三九年九月十八日現在の水準で凍結されることとなったのである。経済の自律的内外均衡化メカニズムは徹底的に封殺され、円の通貨的足はほとんどその姿が消え失せた。

足はいずこに——幽霊通貨と化す戦時下の円

統制色が深まって、経済活動の自律性が消え失せていく。そうした状況下で、大手を振って前面に出るようになったのが、国の財政であった。日中戦争から太平洋戦争へと戦線が拡がるにともなって、日本の財政は驚くべき拡大を遂げた。

一般会計ベースで見た歳出規模は、一九三六年度の約二三億円から、一九四五年度にはなんと約二一五億円まで膨れ上がっている。十年で国家財政の規模が九・三倍に増えたのである。

もとより、金本位の通貨体制が機能していれば、このようなことはありえない。いっさいの通貨節度をかなぐり捨ててこそ成り立ちうる放漫財政であった。これだけの歳出膨張を賄うために、歳入面では度重なる増税が行われ、国民生活を圧迫した。

だがそれでも、この化け物のような歳出増に対して、税収増だけで帳尻を合わせることはできなかった。結局は大量の国債発行に依存することになっていったのである。一九三六年度まで年間約六億～八億円にとどまっていた国債発行額は、一九四五年度の段階では三二二三億円に達していた。

軍用手票（軍票）の発行も盛んと行われるようになった。日清・日露戦争当時には、せいぜい五、六種類しかなかった軍票が、太平洋戦争の段階では、なんと五〇種にのぼっていたという。軍票とは一種の政府紙幣。いわゆる返す気のない借金である。

こうして、あの手この手で空手形を濫発しながら、財政支出の規模を天文学的に膨らませていく。戦時下の日本の経済運営は、完璧な通貨的無政府状態と化していた。

もはや足の長さを問題視するような次元の話ではない。どう目を凝《こ》らしたところで足は見えない。哀れ、足なき幽霊通貨と化す円であった。

戦争通貨へ、そしてついには姿が消えた

幽霊通貨に次の転機が訪れたのが、太平洋戦争さなかの一九四二年だった。この年に日本銀行法が公布された。これによって、一九三一年以来の金本位制停止状態が公式にも認知されることになったのである。

紙幣の券面から「日本銀行兌換券」の文言が消え、「日本銀行券」に表示替えとなった。これで、日本の通貨体制は名実ともに完全な管理通貨へと移行したわけである。要は、現在と同じ状況になったということだ。今日に通じる通貨体制が、日本では戦時下に生まれたのであった。

もっともこれは、ほかの諸国においても大なり小なり同じことだった。管理通貨体制とはすなわち、戦争をするための通貨制度なのか。ふと、そのようにも思ってしまう。じつはそうなのかもしれない。少なくとも、容易にそうなってしまう可能性を秘めた通

貨制度なのだ。そう肝に銘じておく必要はあるだろう。管理通貨制度であるから、それがどう機能するかは、要するに人間の心がけしだい。戦争モードに入った人間たちが管理人であれば、幽霊通貨はたちまち戦争通貨に変身してしまうだろう。怖いことだ。

戦争通貨はインフレ通貨でもある。一九四四年末の日銀券の発行残高は、前年比七四・一パーセント増を記録した。いまふうにいえば、さしずめ「異次元緩和」と名づけるべきか。『日本銀行百年史』（日本銀行百年史編纂委員会編）は、一九四四年の通貨膨張を「破局的」と表現している。

破局的異次元に踏み込んでしまえば、もはや通貨に価値はない。幽霊通貨から戦争通貨に化け変わった円は、ここでついに、ただの紙切れと化した。

そもそも世の中が極度の物資不足に陥っていて、いくら大量の紙切れ通貨を積み上げても、買えるものなど何もない。生活物資については配給制度が敷かれる状況であったし、配給すべきモノ自体がかき消えていた。

物資の姿にお目にかかりたければ、闇市に行くしかなかった。そこではモノの値段が、それこそ天文学的な異次元に到達していた。一九四三年時点で、米の闇価格が公定価格の約一〇倍、砂糖は同約三〇倍。その他の食料品の闇価も軒並み公定価格の四〜六倍には達していたのである。紙切れの購買力は地に落ちていた。

そしてついに、紙切れそのものの姿が地上から消えた。最終的に、人々は物々交換に頼るほかない状態に追い込まれていったのである。和同開珎以前の世界への完全なる逆戻りであった。

3 ついに来た1ドル＝三六〇円時代

狂乱の焼け跡経済

ここから戦後期に入る。世界的に見れば、通貨の王様がイギリスからアメリカに交代することになった。ドルを軸とした固定為替相場の体系ができあがった時期である。そのことによって、アメリカ以外の国々の通貨は、ドルという名の太陽のまわりに配置された惑星と化した。

ＩＭＦ（国際通貨基金）も創設された。太陽通貨の番人である。日常的には、ドルを軸とする通貨的太陽系の管理人として機能した。

一方、日本は焼け跡経済の立てなおしに取りかからなければならなかった。闇市の暗黒へと姿を消した円は、ふたたび足のある通貨として復活するまでに、かなりの時間を要した。その間の通貨的混迷を経てはじめて、いよいよ1ドル＝三六〇円時代を迎えることとなる。

闇市経済は戦後もしばらく続いていた。ほかの国々の通貨が太陽通貨ドルを中心とした軌道上に配置されていくなかで、ひとり円のみが、なおしばし異次元の世界をさまよいつづけたのである。

物資不足によるインフレは、戦時下よりもかえって悪化する始末であった。生活の正常化を求めて、人々は預金引き出しのために銀行に殺到した。それに対応して、日銀券の発行も爆発的に膨れ上がった。一九四五年八月の終戦から同年末までの四カ月のあいだに、およそ二五〇億円ぶんの銀行券が増発されたという。

こうした事態を収拾するために、一九四六年二月には「金融緊急措置令」が公布・施行された。これによって、預金封鎖、新円切り替え、旧円の通用停止など、一連のインフレ鎮静措置が打ち出されることになった。

新円確保に奔走する人々。新体制下でもそのまま通用する扱いとなった硬貨を必死にためこむ人々。期限までの旧円消化をめざして買いだめに走る人々。政府・日銀は新円の製造が間に合わない。窮余《きゅうよ》の策として、軍票などに新円扱いの証紙を貼って代用する。焼け跡経済下においては、万事が混迷を極めた。

足がないのに竹馬乗れば……

焼け跡経済の正常化に向けて、GHQ（連合国軍最高司令官総司令部）と日本側総がかりの対応が続いた。

一九四八年十二月には、GHQが「経済安定九原則」を発表している。その具体化に向けて、アメリカからジョゼフ・ドッジ（一八九〇〜一九六四）がやってきた。彼が展開した一連の施策が、いわゆる「ドッジ・ライン」である。

緊縮財政、金融引き締め、消費抑制、輸出振興。これらが、ドッジ・ラインの四本柱だった。狂乱経済を正常化するには、いたってオーソドックスな対応だ。当時のドッジは、デトロイト銀行の頭取だった。いかにもバンカーらしい具体策をもって、経済安定九原則を実施しようとしたわけである。

ドッジさんは、当時の日本経済について、じつにおもしろいことを言っている。次のとおりだ。

「日本の経済は両足を地につけていず、竹馬にのっているようなものだ。竹馬の片足は米国の援助、他方は国内的な補助金の機構である。竹馬の足をあまり高くしすぎると転んで首を折る危険がある」（佐々木隆爾『昭和史の事典』東京堂出版）

本書での旅を通じて、われわれは一貫して、円という通貨の折々の足の長さに注目してきた。そのわれわれにとって、ドッジさんのこの言い方は、誠にしっくりくるではないか。ドッジさんがおっしゃるとおりだ。

そもそも、足がまともに生えていないのに、竹馬はいけない。哀れ、幽霊通貨転じて戦争通貨となり、そしてついには、一片の紙切れと化してしまった円である。いきなり竹馬に乗せても、高所恐怖症でめまいがするばかりだ。転んで首を折るのがオチである。

戦後期の日本に、これほど通貨と足の関係をよく認識していた人が滞在していたとは、大いに感動する。

竹馬から降りると足はドル建てだった

足なき竹馬通貨が、ようやく大地を踏みしめられるようになったとき、その価値は、1ドル＝三六〇円と定められることになった。その決定が下されたのが一九四九年四月。この交換レートで、日本は一九五二年にＩＭＦ入りを果たす。前年のサンフランシスコ平和条約締結を受けてのことである。

そこにいたるまでにも、いろいろあった。ポイントは、ドッジが打ち出した経済正常化策とうまくマッチするドル円交換レートを見出すことだった。輸出促進の観点からは、円の対ドル価値は低いほうがいい。だが、あまり低すぎると、インフレ抑制上の問題が生じる。当初、アメリカ側は、1ドル＝二七〇円から三三〇円の範囲で選択肢を模索していた模様だ。

日本政府においても、適正相場を探り当てるために懸命のシミュレーションがくりかえされた。なにしろ、世界の舞台に円を再デビューさせるための条件設定である。いったんその水準を決めれば、それによって通貨の太陽系上における円の位置づけが固定化される。それを思えば、慎重のうえにも慎重を期さなければならなかった。

もとより、当時の日本もアメリカも、よもやパックス・アメリカーナの通貨体制が、たかだか二十年あまりで終わってしまうとは夢にも思っていなかっただろう。現実には、一九七一年八月をもって1ドル＝三六〇円の関係は終焉《しゅうえん》を迎えたのであるが、円の適正レート探しに余念がなかった戦後当初の日米要人たちは、そのようなことを知る由《よし》もなかった。

円がなぜ円なのか判然としないのと同様、どのような経緯で1ドル＝三六〇円に到達したのかは存外に定かではない。丸い円だから、グルッと三六〇度。そんなことがしばしばささやかれる。たしかに、それくらいのことは当時のだれかが言ったかもしれない。そのあたりの真相は、人類がほんとうに物理的にタイムスリップできるようになるまで確認しようがない。

いずれにせよ、日本側にとって1ドル＝三六〇円は、かなり安堵《あんど》できる交換レートだったようだ。

それを思えば、戦後日本の経済観には、早い時期から「円安のおかげで助かった」という感覚が根を下ろしていたのかもしれない。その裏返しで、円高に対してはアレルギー反応が強く出る。そういうことであるのかもしれない。

鼻歌まじりの1ドル＝三六〇円？

もっとも、はたしてこの1ドル＝三六〇円がほんとうにラッキーな交換レートだったたかどうかは、じつのところ、よくわからない面もある。

ここで、古今亭志ん生師匠のお言葉を思い出していただければ幸いだ。師匠には、第1章でご登場願った。彼は「いまどき」は下駄の鼻緒一組が三〇〇円も五〇〇円もすると言って嘆いていた。そして、その「いまどき」は一九五八年だった。

下駄の鼻緒一組が五〇〇円したとき、1ドルの価値が三六〇円だったというのは、どうだろう。当時、「ワンダラー・ブラウス」という言葉があった。アメリカでは、日本製のブラウス一枚が1ドルで買えた。だからワンダラーのブラウスである。ワンダラー・ブラウスは、円に換算すれば三六〇円。ブラウス一枚が鼻緒一組より安い。この関係をどう評価したらいいのか。

ここは、なかなかに難しいところだ。量産品の綿のブラウスと手づくりの鼻緒一組なら、鼻緒のほうが高くても不思議はない。志ん生師匠がイメージしていた鼻緒は、はたして手づくりの芸術品だったか、それともやはり工場出荷の量産品だったたか。そこがいまひとつわからない。

さらには、1ドル＝三六〇円が決定された一九四九年と一九五八年とでは、インフレの具合はどうだったか。一九五八年といえば、日本経済がいわゆる「岩戸景気」にさしかかろうとする時期であるから、インフレ経済化に向かっていたことは確かだ。だが、一九四九年のような竹馬経済状態は脱していたことも間違いない。

あれこれ総合すれば、結局のところ、1ドル＝三六〇円は戦後の日本経済にとって、やっぱり相当に有利な初期設定だったといえるだろう。

何といっても、まだまだ焼け跡的混乱にあった時期に定められたドル円関係である。その後の日本経済は着々と正常化に向かい、急速に生産力を回復していったのである。

そうしたなかでは、日本の輸出企業には、1ドル＝三六〇円がますますラクのできる通貨関係に見えはじめても不思議はなかった。ほんとうはプロなのに、アマチュア並みのハンディキャップをもらってゴルフの試合に出る。そんなイメージだったろう。

その味を占めてしまえば、スクラッチ（ハンディキャップなし）での戦いに腰が引けるのはわかる。円高嫌いはやはり、ワンダラー・ブラウス時代の社会的記憶のなせる業なのだろう。

4 日本の「大人になりたくない症候群」

束の間のパックス・アメリカーナ

戦後がどんどん遠くなるなかで、日本経済は躍進に次ぐ躍進を遂げた。しだいにアメリカの背中が見えてくる。どうかすれば、すぐさま追い抜いてしまえるかもしれない。1ドル＝三六〇円のハンディキャップは、成長著しい日本に対して、お釣りがきそうな大盤ぶるまいとなっていく。

その一方で、戦後体制を担う通貨の王様は、その肩の荷が徐々に重く感じられるようになっていた。こうして円の通貨史は、グッと現在の円に近づくことになる。

戦後の通貨体制がドルを基軸通貨として発足したことは間違いない。だが、前述のとおり、このパックス・アメリカーナの通貨体制は、じつは驚くほど短命に終わった。そのシミは、早くも一九六〇年代半ばから目立ちはじめていた。もっといえば一九五〇年代末には、すでに警戒信号が点滅しはじめていたのである。

基軸通貨とは、その折々において、ほかのどの通貨よりも長い足をもつものを指す。そのような足長通貨をもっている国が基軸通貨国である。

この足長通貨の持ち主国には、どのような特性があるか。それは、その国にとってよいことが、ほかのすべての国にとってもよいことだという特性である。その国が栄えれば、ほかのすべての国々も潤《うるお》う。それが基軸通貨国というものだ。

戦後当初のアメリカは、まさしくそのような国だった。豊かなアメリカが世界に豊かなドルを供給する。そのドルで、焼け跡経済の日本や疲弊著しい欧州は、復興に向けて機械や資材をアメリカから買う。アメリカはさらに豊かになり、さらに潤沢に復興資金を日欧に供給できる。繁栄の黄金循環だった。

この構図が成り立っているかぎり、アメリカは間違いなく通貨の王様であり、ドルは間違いなく太陽通貨でありつづけることができた。

だが思えば、この構図の持続性にはおのずと限界がある。日欧諸国の復興に目途が立てば、崩れて当たり前の構図なのだ。

これがもし、アメリカ以外の国々が産業革命以前の発展段階にあったというならば、話は別。そうそう簡単に彼我のギャップは埋められない。だが、日本もヨーロッパも、元はといえば立派な工業諸国。戦争の傷跡さえ癒えれば、カネについてもモノについても、アメリカ頼みの状態はいつまでも続かない。彼らの対米輸入依存度は低下し、むしろアメリカにモノを輸出してドルを稼ぐようになっていく。

とりわけ、日本はそうだった。

国内の生産体制が整ってくる。アメリカにモノが輸出できるようになる。こうなってくると、1ドル＝三六〇円の追い風は一段とありがたみを増す。良質・廉価な日本製品が、アメリカ市場にあふれかえるようになっていった。

こうして、日本にとっても欧州にとっても、ドルは希少通貨から過剰通貨へとしだいに位置づけを変えていく。すると、日欧ともに新たな心配事が発生する。

われわれの手元に、こんなにもドルがたまってしまって大丈夫だろうか。このドルをアメリカはほんとうに金に交換してくれるのだろうか。それに足るだけの金をアメリカはもっているのだろうか。いまのうちに、手持ちのドルを金に換えておいたほうがいいかもしれない……。

こうした心理が拡がるようになると、アメリカも不安になる。日欧諸国にとっても、アメリカを窮地に追い込むのは決して得策ではない。ヘタをすれば、自分たちがもっているドルの価値が大きく低下してしまうかもしれないからである。

そこで考案されたのが、いわゆる「金プール制」だった。一九六一年に、アメリカと欧州主要六カ国とのあいだで創設された。各国が手持ちの金を持ち寄って、ためておく。いざというときには、この金の「ため」(プール)を使って、金を売ってドルを買い支えようというわけだった。

ところがやがて、この金プール制に対しては、シャルル・ド・ゴール大統領率いるフランスが激しく造反するようになる。

もともとアメリカ嫌いだったド・ゴール大統領は、しだいに真っ向からドル基軸型の通貨体制に異を唱えるようになった。そして、全般的な国際金本位制の復活を提唱するようになる。

結局、フランスは一九六七年に金プール制から脱退。すると徐々に、ほかの国々も、アメリカに対してドル準備の金交換を公然と請求するようになっていく。こうして一九六〇年代末には、ドル体制に明確な末期症状が表れていたのである。

日本が大人になるべきときは来ていた

一九七一年八月十五日、アメリカのニクソン大統領は、生放送のテレビ演説でドルの金兌換停止を宣言した。世に言うニクソン・ショックである。ニクソン宣言とは要するに、アメリカによる基軸通貨ギブアップ宣言にほかならなかった。このときをもって、第二次世界大戦後の国際通貨体制であるブレトン・ウッズ体制は崩壊したのであった。

新たな通貨体制を構築すべく、同年十二月、ワシントンのスミソニアン協会に一〇カ国の蔵相が集まって協議した。このときの「スミソニアン合意」に基づいて、各国通貨の対ドル固定レートが見なおされた。各国通貨のドル価値を切り上げることで、なんとか固定為替相場制度そのものは維持しようとしたのである。

この合意を受けて、円の対ドル価値も、1ドル＝三六〇円から1ドル＝三〇八円に切り上げられることになった。すっかり慣れっこになった1ドル＝三六〇円の程よい湯加減にくらべて、1ドル＝三〇八円は日本にとって、なかなかに衝撃的な印象だった。だが実際には、これでもまだまだ、ドル相場は大いに過大評価だったのである。

戦後のドル円相場の推移

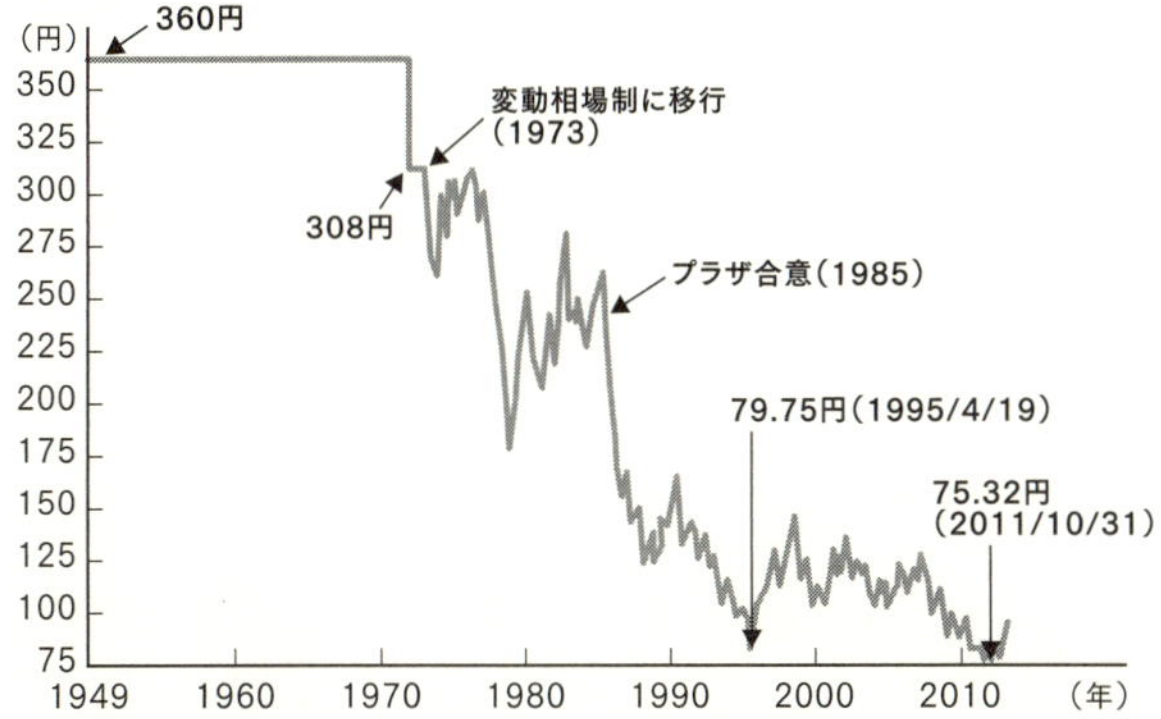

出所:『日本銀行百年史』、日本銀行

結局、この1ドル＝三〇八円体制も長続きはしなかった。一九七三年にはスミソニアン合意も維持不能となり、主要各国が変動相場制へと移行する展開となったのである。

変動相場制に移行して以来、円の対ドル相場は原則として上昇基調で今日にいたっている。変動相場制であるから、むろん折々の上下動はある。だが、時系列的な傾向としては、明らかに円の価値はドルに対して右肩上がりで推移してきた。

かくして、ハンディキャップ・レースの時代は終わった。円が短足通貨のふりをすることは、もはや許されなくなった。その時々の伸び縮みはあっても、基本的に立派な足長通貨に昇格した。大人になった自分とのつきあい方。それを身につけるべき時代がやってきた。

だが、いまなお円のYENは、ともすれば子ども扱いしてもらえていた時代に秋波《しゅうは》を送ろうとする。これは一種の「大人になりたくない病」である。ピーターパン症候群だ。

円よ、その足長ぶりを見せなさい

じつは足長通貨となった円は、やがてピーターパン症候群と決別するための絶好の機会に恵まれることとなった。一九八五年九月二十二日。場所はニューヨークのプラザホテルである。この日この場所に、当時の先進主要五カ国の蔵相と中央銀行総裁たちが集まった。五カ国の顔ぶれはアメリカ、西ドイツ、イギリス、フランス、そして日本。ここで取り交わされたのが、かの「プラザ合意」である。

プラザ合意の目的は、一九八〇年代の前半を通じて、やたらと進んでしまったドル高を是正《ぜせい》することにあった。より正確にいえば、ドル高修正をアメリカに呑ませるための会合だったのである。

なぜこのような会合をもつ必要があったのか。そもそも、なぜ一九八〇年代前半を通じてドル高が進んだのか。この点については、ほかの拙著などでご確認いただければ幸いである。直近では『新・通貨戦争』（朝日新書）などがある。本書では、あくまでも円にフォーカスしているので、そこから焦点をずらさずに話を進めたいと思う。

ドル高を是正するということは、もとよりドル以外の諸通貨の安値を是正することにほかならない。つまり、日本に対しては円安是正が求められたわけである。ドル高是正に向けて、主要五カ国が足並みをそろえて為替調整に入ろう。それがプラザ合意のメッセージであった。この点に関するプラザ合意の言い方は、おおむね次のようなものだった。

「（主要五カ国の）蔵相と中央銀行総裁は、対外不均衡の調整において為替レートが役割を果たすべきだと合意した。それが可能になるためには、各国通貨の為替レートはいまよりも各国の基礎的条件をよりよく反映したものにならなければいけない。……現状および今後、予想される展開を踏まえれば、ドル以外の主要通貨がドルに対して一定の秩序をもって上昇することが望ましい」

この種の国家間合意文書としては比較的、歯切れがいいほうである。諸通貨の対ドル相場上昇が必要だということを、ひとまず誤解の余地がないかたちで明記している。それだけ当時のアメリカ以外の諸国が、ドル高と、それにともなう対米資金流出に強い危機感を抱いていたということである。

それはそれとして、この文章のなかの「各国通貨の為替レートはいまよりも各国の基礎的条件をよりよく反映したものにならなければいけない」というくだりは、ドルもさりながら、円に向けられた言葉と受け止めても決して不自然ではなかった。足長通貨がその足の全長を披露すべきときが来ていたのだ。

それでもやっぱり子どものままで――プラザ合意に背を向けた円の番人たち

実際、プラザ合意後は各国通貨の対ドル上昇が実現する展開になる。円についていえば、一九八五年はじめに1ドル＝二五〇円台だったのが、一九八七年には一二〇円台まで円高が進む恰好になった。二年間で円の対ドル価値がほぼ二倍になったわけである。

これはなかなかに劇的な円高進行ではある。円安神風慣れした日本にとって、衝撃的な展開だったことは間違いない。

だが、これを機に本格的に大人化する道もあったはずである。ドルとの新しい通貨関係のなかで日本はどう生きるか。円の通貨価値が上がっていく状況を、どううまくテコにして生きていくのか。自国通貨の対外的な購買力が上がっていくことを、どのように受け止め、どのように対応していくのか。これらのことについて、じっくり思いをめぐらす好機到来であった。

残念ながら、プラザ合意後の日本はそちらには向かわなかった。何がなんでも円高不況を阻止する。そのかけ声のもとに、空前の金融大緩和が始まったのである。

金利はどんどん下がる。銀行はカネを貸しまくる。彼らが貸したカネが不動産投機に向かう。ゴルフの会員権取引に向かう。名画の買いあさりに投じられる。人々はいまや懐かしの「財テク」に明け暮れる。夜の銀座がにぎわう。六本木が狂乱する。ディスコでミラーボールがぎらつく。札束が飛び交う。どこもかしこも不夜城と化す。バブルの大輪が花開く。円高と向き合わないですむなら何でもする。こんな風潮が政策と経営を狂わせた。

一八九七年の日本は、必死に無理をしながら1ドル＝二円の金平価を実現した。一九三〇年の日本は、嵐に向かって窓を開ける覚悟で、この同じ平価での金本位制再建に踏みきった。かつて円の通貨価値に責任をもっていた人々は、なんとかして円のために長い足を確保しようと懸命になっていた。

嵐に向かって窓を開けた井上準之助は、それがもとで暗殺された。ややもすれば井上と正反対の拡張主義者と見られがちな高橋是清にしても、戦時インフレを防ごうとしたばかりに、二・二六事件の首謀者たちに命を奪われた。近代日本の黎明期から二十世紀前半までの時期において、円の番人たちは、その価値を高品位に維持することに命をかけた。

それにひきかえ、第二次大戦後における通貨政策の担い手たちは、どうも円の安売りばかりを好む傾向が強い。その姿勢には危うさと奇異さを見出してしまう。たしかに円相場が急伸すれば、輸出企業は苦しくなる。それはよくわかる。だが、いつまでたっても円安という名のハンディキャップをもらって商売をしていて、ほんとうにいいのか。

これは言いすぎかもしれない。日本の輸出企業が、なにもダンピングまがいの安値商法を志向しているわけではないこともよく承知している。だが、それはそれとして、自国通貨の価値上昇をつねに嘆き、その価値の低下に必ず祝杯をあげる条件反射的行動には、やはりどこかに履き違いがあると思えてならない。

現に、円高と向き合わなかったツケとして、日本経済はバブルとその崩壊に見舞われた。そのあと失われた一九九〇年代が来た。そしてデフレのさなか、二十一世紀を迎えることになる。大人になりたくない者たちの宴《うたげ》のあとに、格差と貧困の時代がやってきた。じつに奇妙な、豊かさのなかの貧困の時代だ。この状態を目の当たりにして、歴代の円の番人たちはどんな思いに駆られるのだろうか。

5 御足の具合はいかがでしょうか？

有事の頼みはいまや円

円の通貨史も、このあたりでほぼ現代入り。ここから先をあえて歴史としてふりかえりつづけることもないだろう。いま、われわれの目の前にある円はいったい、どのような通貨になっているのだろう。足の具合はどうか。信頼され具合はどんなものであろうか。なかなかどうして、信頼される通貨となっている面はあると思う。かつては「有事のドル買い」という言葉が当たり前のように使われた。だがいまや、ドルは有事にはむしろ売られる通貨となっている。有事のオアシスは、どちらかといえば円となりつつあると言っていいだろう。

思えば、これはじつに驚くべき話だ。日本国政府は、世界じゅうでもっとも重い借金の山を抱え込んでいる。そのように言ってしまって大過はないだろう。ギリシアの比ではない。しかも、いまなお借金をしつづけている。こんなにも借金漬けとなっている債務者に対して、本来ならば、だれもカネを貸さないはずである。

ところが日本国債は、なんら変事はないかのごとく無難に消化されていく。なぜかといえば、日本銀行が有力な貸し手となって手を差し伸べつづけているからだ。これほど危険な仕事はない。中央銀行は政府のためのカネ貸し業者ではない。そうではないはずである。だが、いまの日銀は、まさにその役割にこそ徹しようとしている。

こんな状況が現出しているというのに、それでも円の対ドル相場は、さしあたり一〇〇円の床を踏み抜いて減価していく恰好にはなっていない。公的部門を差し引いた日本の姿に、それだけ世界の人々が信頼を寄せていることの証左と言っていいだろう。

これまでの歴史をあらためてふりかえってみれば、円という通貨は、じつにさまざまな表情や姿かたちを見せながら今日にいたっている。

鎖国の殻を破って世界デビューを果たしたとき、円は期待と不安と焦燥に駆られてひた走る「あこがれ通貨」だった。それが、十九世紀末にはようやく、少しは足が金色に輝く「新参者金本位通貨」となった。ところが、両大戦間期の大不況から第二次大戦へと時代が展開していくなかで、しだいに「幽霊通貨」と化し、「戦争通貨」に成り下がり、ついには、たんなる紙切れとなってしまった。

そして第二次大戦後においては、「ニセ短足通貨」として気配を消しながら、輸出立国を担って疾走することになる。長らくご苦労様なことであった。そろそろ有事にも信頼される足長通貨としての真の姿を、幅広くグローバル世間に披露してもいいはずである。

ところが、そこに向かいかけたところで、またもや短足化の方向に円を引っ張り戻そうとする邪魔者が出現した。ここから先の展開は、いったいどうなっていくのだろう。

足をもぎ取られないように……

心配なのは、まったく理屈に合わないかたちで、円が暴力的に足をもぎ取られてしまうという展開だ。どうも、その懸念が強まっているように思えてならない。要するに、円の底なしの暴落が起こりはしないかということである。

日頃から1ドル＝五〇円説を執拗《しつよう》に掲げている筆者がこのようなことを口にすれば、「あんなふうに言ってたくせに」とか、「ついに1ドル＝五〇円敗北宣言か」と思われる向きもあるだろう。そういうことではない。筆者はいまなお、1ドル＝五〇円に向かうのが、これからの円の通貨史の本来の方向性だと考えている。

だが、現実問題としては、いま、それとはまるで逆方向に円の足を引っ張ろうとする力が強くはたらいている。

この力には二つの側面がある。その一が、円安志向の通貨政策。「円高からの脱却」を掲げる政権が経済運営に当たっているのが現状である。政策意図がそちらに向かうとなれば、投資家も投機家もさしあたり、その流れのなかで損をしないように動く。したがって、おのずと円相場には、つねに一定の下押し圧力がかかることになる。

もう一つの側面が、国債徹底買い支え姿勢の金融政策。これについては、もはや多くを語る必要はない。日本銀行がバランスシートの風呂敷を大きく広げて、せっせと国債を買っている。これが続いているあいだはいい。その限りにおいては、王様が裸であることは隠蔽《いんぺい》されつづける。

第3章で「ホントは裸の王様紙幣」について考えた。いまの日本国政府は、言うならば「ホントは裸の王様政府」だ。日銀のおかげで、まだ何がしかの衣をまとっているように見えている。

だが、日銀がこの「王様を裸に見せない」オペレーションを続けられなくなってしまったら、どうなるか。当然、国債相場は暴落する。

それよりもっと怖いのは、日銀はこのオペレーションを結局のところ止められないのだということが、天下に明るみになってしまったときである。この場合も、国債相場はやっぱり暴落するだろう。

もはや救い手は中央銀行しか存在しない。そう気づかれたら、中央銀行がいくらレスキュー隊としての力を増強しても、破綻国家を救う術《すべ》はない。こうした最悪の事態に突入した場合には、円相場もまた底が抜けてしまうだろう。

打倒円高の通貨政策と、裸の王様レスキュー隊と化した金融政策がセットになると、円の足はじつに危険にさらされる。政策不信に陥った市場によって、その足がきわめて暴力的にむしり取られてしまう恐れが出てくる。

円とその足を、そのような悲惨な目にはあわせたくないものである。だが、いまわれわれは、その危険性と背中合わせで生きることを強いられている。そちらの方向に突っ走っていかないことを、ひたすらＹＥＮするばかりである。

終章 通貨は武器ではない――あとがきに代えて

「旅は恋人たちの出会いで終わる」

シェイクスピアのこの言葉を頼りに、われわれは円を訪ねて旅に出た。なかなか長い旅だった。なにしろ奈良・平安のむかしから、おおむね昨日くらいまでの時空をカバーしたのであるから、これは並大抵の道中ではない。みなさん、誠にお疲れ様です。

あとがきに代えた本章のタイトルが「通貨は武器ではない」となっている。なぜこうしたかといえば、現実には、人々が通貨を武器にしようとするからである。円の歴史探訪を続けるなかで、われわれはそのような人間の性癖をしばしば目撃した。そう思うからである。

ここで、ただちに一点、確認しておかなければならない。通貨を武器にするといっても、なにも物理的に紙幣や硬貨を凶器として用いるという意味ではない。

じつは、そのような事例もある。これについても、ごいっしょに見たとおりだ。われわれは、実際に通貨を武器として商売道具にしている人物を知っている。言うまでもなく、その人の名は銭形平次。彼の場合、通貨は犯人逮捕のためには不可欠なツールとなっている。どうかすれば、岡っ引の命であるはずの十手《じって》よりも、霊験あらたかな飛び道具かもしれない。

このようなケースは、容認するほかない。平次親分に向かって「通貨を武器にするな」と言ってしまえば、彼は仕事ができなくなる。そして、われわれの痛快お楽しみ読書の種が一つ減ってしまう。これはいけない。平次親分に対しては、通貨の武器化おかまいなしとする以外にない。

問題は、小銭を投げたり飛ばしたりするわけではないのに、通貨を武器として使ってしまうケースである。その典型的な事例が、一九三〇年代において英米仏の三国が繰り広げた為替切り下げ競争である。別名、通貨戦争。

この場合、彼らは金本位制を放棄して、それぞれ自国通貨の価値を引き下げることで相手を出し抜き、成長機会を独り占めにし、お互いにデフレを押しつけ合おうとした。かくして、通貨は雇用機会を抹殺する恐怖の大量破壊兵器と化すことになった。

通貨の経済的大量破壊兵器化は、なにも国々の衝突のなかでばかり進行するわけではない。一国のなかにおいて、そのような破壊行為が発生する場合もままある。じつをいえば、このスタイルをとった通貨の武器化は、かなりしばしば発生してきた。

それは、通貨の発行元である国家が、意図的にその価値を減価させる場合だ。この手法の歴史は、じつに古い。日本最古の通貨だと目されている和同開珎が出現してまもないころから、支配者たちは、このやり方で通貨の価値を操作するようになっていた。

お国が発行するおカネなのだから、瓦礫であろうと何であろうと、つべこべ言うな、と開きなおりながら、純度の低い通貨を大量発行して、ひとまず窮地をしのいだ傑物・荻原重秀ともわれわれは出会った。

鎖国の太平から目覚めたときに、日本が早々に体験した鍔迫《つばぜ》り合いの一つが、通貨の価値をめぐるものだった。敵は「同種同量」という名の新兵器をもって攻め込んでくる。

当初、日本側はむしろ通貨価値の品位向上をもって応戦しようとした。だが、これには失敗した。結局のところ、自国内における通貨の価値劣化と購買力低下に甘んじることで、富の海外流出を阻止するほかはなかった。戦闘に勝って、戦争に負けたような恰好になってしまったのである。

戦時下において、通貨はその武器としての破壊力をもっとも高める。そのような通貨の嘆かわしき姿を、これまたしばしば、われわれは目撃した。

日中戦争から太平洋戦争へと恐怖の泥沼に日本がみずからズブズブと踏み込んでいくなかで、円という通貨はしだいに存在感が希薄となって幽霊通貨と化し、戦費調達のための価値破壊的戦争通貨と化し、そして紙切れとなって姿を消した。その間に、武器化した円はどれほど人々の生活を破壊したことか。

恐ろしいことに、通貨の武器化行為に慣れきってしまうと、人々は武装解除を嫌がるようになる。減価した通貨の価値を回復させようとするとき、その先頭に立つ人々は、しばしば非難と攻撃の対象となる。通貨をデフレ製造装置にするな。そう言われてしまうのである。

逆に、通貨をインフレ製造装置とすることに対しては、人々は存外、寛容に反応する。一九三〇年代において、その傾向が見られた。そのおかげで命を落とした政治家もいることを、通貨史ウォッチャーのわれわれは目撃した。そのような行動様式のなかに「円高嫌い・円安好き」型ＤＮＡの萌芽が見え隠れしていた。

反面、賢明なる市民たちは、歴史を通じて通貨の武器化に断固として抵抗してきてもいる。いかにも安っぽい悪鋳通貨に対しては、力強い受け取り拒否姿勢をもって対応する。そのような古代の人々や江戸庶民、そして、戦時下・戦後を生きた二十世紀の日本人たちがいた。

安物通貨が武器として登場するとき、その破壊力はじつに恐ろしい。そのおぞましき力が炸裂《さくれつ》するとき、経済活動は、人間による人間のための営みとしての表情を失う。醜い奪い合いと相互抹殺が、その日常の顔となってしまうのである。

だが本来、通貨の表情は美しいはずである。なぜなら、通貨の通用性の基本には信用があるからだ。人間の相互信頼こそ、通貨を通貨たらしめる本源的価値。通貨に足を与えるのは、人が人を信用するというもっとも人間らしい心理と行動原理なのである。

もとより、相互信頼は平和の礎《いしずえ》だ。信頼し合っている人々のあいだで、戦争は起こらない。人々の信頼に抱かれて仕事をしようとする政治家や政策責任者たちは、決して通貨を武器としては使わない。

本書の円との恋路を通じて、筆者はいま、これらのことを確信するにいたっている。みなさんも、同じ感慨を抱かれていると嬉しい。きっとそうなのだと思っている。やっぱり共に行く旅には、珠玉の発見がある。武器よ、さらば。

今回の旅のなかでも、道先案内人に、それこそ命を脅《おびや》かしそうなご迷惑をかけた。それにもかかわらず、筆者を見捨てることなくおつきあいくださった道先案内の名手、ＰＨＰ研究所新書出版部副編集長の林知輝さんに心から深く御礼し、そしてお詫び申し上げる。

二〇一三年十一月

浜　矩子

編集協力——笠原崇寛

PHP
Business Shinsho

浜　矩子（はま・のりこ）
1952年生まれ。同志社大学大学院ビジネス研究科教授。一橋大学経済学部卒業後、三菱総合研究所に入社。90年に創設されたロンドン駐在事務所の初代所長に就任、98年には女性初の経済調査部長となる。2002年より現職。専門はマクロ経済分析、国際経済。長年の調査で鍛えられた分析眼には定評があり、その明快な語り口から多くのメディアで活躍する。
おもな著書に『「アベノミクス」の真相』（中経出版）、『超入門・グローバル経済』（ＮＨＫ出版新書）、『グローバル恐慌』（岩波新書）、『中国経済 あやうい本質』（集英社新書）、『新・国富論』（文春新書）、『「通貨」を知れば世界が読める』『「通貨」はこれからどうなるのか』（以上、ＰＨＰビジネス新書）などがある。

PHPビジネス新書 303

円安幻想

ドルにふりまわされないために

2013年12月2日　第1版第1刷発行

著　　者　浜　矩子
発行者　小林成彦
発行所　株式会社ＰＨＰ研究所
東京本部　〒102-8331　千代田区一番町21
新書出版部　☎03-3239-6298（編集）
普及一部　☎03-3239-6233（販売）
京都本部　〒601-8411　京都市南区西九条北ノ内町11
PHP INTERFACE　http://www.php.co.jp/
装　　幀　齋藤　稔
組　　版　有限会社エヴリ・シンク
印刷所　共同印刷株式会社
製本所　東京美術紙工協業組合

ISBN978-4-569-81444-5

「ＰＨＰビジネス新書」発刊にあたって

わからないことがあったら「インターネット」で何でも一発で調べられる時代。本という形でビジネスの知識を提供することに何の意味があるのか……その一つの答えとして「**血の通った実務書**」というコンセプトを提案させていただくのが本シリーズです。

経営知識やスキルといった、誰が語っても同じに思えるものでも、ビジネス界の第一線で活躍する人の語る言葉には、独特の迫力があります。そんな、「**現場を知る人が本音で語る**」知識を、ビジネスのあらゆる分野においてご提供していきたいと思っております。

本シリーズのシンボルマークは、理屈よりも実用性を重んじた古代ローマ人のイメージです。彼らが残した知識のように、本書の内容が永きにわたって皆様のビジネスのお役に立ち続けることを願っております。

二〇〇六年四月

ＰＨＰ研究所